Lern- und Übungsheft

Grammatik und Zeichensetzung 7|8

Neue Ausgabe

Erarbeitet von

Ann-Christin Maempel,
Ulla Oppenländer und
Cornelia Scholz

Textquellenverzeichnis

S. 9: Paul Maar: Die Geschichte vom Jungen, der keine Geschichte erzählen konnte ... Online unter: http://www.zeit.de/2004/45/Geschichte_Maar (Stand vom 06. 12. 2011). **S. 19**: Erich Kästner: Wintersport. Aus: Das Erich-Kästner-Lesebuch. Augsburg: Weltbild Buchverlag 2009 (Copyright Atrium Verlag, Zürich), S. 66 f. **S. 20**: Sophie Scholl. Aus: Wer war eigentlich ... Die Zeit, Nr. 19 (5. 5. 2011), S. 39.; Des Löwen Anteil. Nach: Äsop. Online unter: http://gutenberg.spiegel.de/buch/1928/43 (Stand vom 09. 01. 2012). **S. 21**: Die Kinderfilm-Universität in Potsdam. Aus: Film ab! Die Zeit, Nr. 19 (5. 5. 2011). S. 39. **S. 30**: Ina Pachmann: Die Problemkuh. Aus: Berliner Zeitung (9. 8. 2011), S. 28. **S. 31**: Leonardo da Vinci. Aus: Wer war eigentlich ... Die Zeit, Nr. 34 (18. 8. 2011), S. 39. **S. 46**: Nach: Tom Sawyers Abenteuer. Reinbek bei Hamburg: Rowohlt Verlag 1996, S. 19 ff. **S. 47**: Nach: Tom Sawyers Abenteuer. Reinbek bei Hamburg: Rowohlt Verlag 1996, S. 20. **S. 75**: Nach: Heinrich Kleist: Eine Anekdote über Bach. Aus: Sämtliche Werke und Briefe. Hrsg. von Helmut Sembdner. München: Hanser Verlag 1961. **S. 71**: Jessica Watson. Aus: Ich hatte verlernt zu schlafen. Ein Interview mit der Weltumseglerin Jessica Watson. Online unter: http://www.spiegel.de/schulspiegel/ausland/0,1518,740527,00.html (Stand vom 06. 12. 2011). **S. 61**: Laura Dekker. Nach: Aufgeschoben ist nicht aufgehoben. Online unter: http://www.sueddeutsche.de/panorama/seglerin-gibt-nicht-auf-aufgeschoben-ist-nicht-aufgehoben-1.173595 (Stand vom 06. 12. 2011). **S. 77**: Heinrich von Kleist: Mutterliebe. Aus: Werke und Briefe in vier Bänden. Band 3. Berlin, Weimar: Aufbau Verlag 1978, S. 365. **S. 78**: Johann Peter Hebel: Die Ohrfeige. Online unter: http://gutenberg.spiegel.de/buch/329/70 (Stand vom 06. 12. 2011). **S. 79**: Bertolt Brecht: Der hilflose Knabe. Aus: Gesammelte Werke Bd. 12. Frankfurt a. M.: Suhrkamp Verlag 1967, S. 381.

Bildquellenverzeichnis

S. 40 Buchcover: Tom Sawyer und Huckleberry Finn: Bassermann Verlag, Verlagsgruppe Random House GmbH München 2009. **S. 71** picture-alliance/dpa, Frankfurt a. M. **S. 73** picture-alliance/dpa, Frankfurt a. M.

Redaktion: Bettina Tolle
Bildrecherche: Angelika Wagener
Illustrationen: Susann Hesselbarth, Leipzig
Umschlaggestaltung: Cornelsen Verlag Design
Layout und technische Umsetzung: Wladimir Perlin, Berlin

www.cornelsen.de

Dieses Werk berücksichtigt die Regeln der reformierten Rechtschreibung und Zeichensetzung. Bei den mit Ⓡ gekennzeichneten Texten haben die Rechteinhaber einer Anpassung widersprochen.

1. Auflage, 1. Druck 2012

© 2012 Cornelsen Verlag, Berlin

Druck: Himmer AG, Augsburg

Ausgabe ohne CD
ISBN 978-3-464-60447-2

Ausgabe mit CD
ISBN 978-3-464-60233-1

 Inhalt gedruckt auf säurefreiem Papier aus nachhaltiger Forstwirtschaft.

Inhalt

Strategien 1

Sprache – eine Ordnung entdecken 6
Sätze unterscheiden und bestimmen 8
Wortarten erfragen 9
Satzgliedproben anwenden 10
Satzglieder und Satzgliedteile erfragen 11

Übungen

Wortarten wiederholen 12
Übungen
Wortarten erkennen und bezeichnen 13
Teste dich!
Wortarten wiederholen 15
Wiederholen und vertiefen
○● Wortarten wiederholen 16
●● Wortarten wiederholen 16

Mit Verben umgehen 17
Übungen
Partizip I und II bilden 18
Die Zeitform der Gegenwart verwenden 19
Zeitformen der Vergangenheit verwenden 20
Zeitformen der Zukunft verwenden 23
Modalverben verwenden 24
Aktiv und Passiv unterscheiden 25
Konjunktivformen verwenden 27
Teste dich!
Mit Verben umgehen 29
Wiederholen und vertiefen
○● Mit Verben umgehen 30
●● Mit Verben umgehen 31

Mit Adjektiven umgehen 32
Übungen
Mit Adjektiven vergleichen 33
Teste dich!
Mit Adjektiven umgehen 34
Wiederholen und vertiefen
○● Mit Adjektiven umgehen 35
●● Mit Adjektiven umgehen 35

Mit Präpositionen umgehen 36
Übungen
Die richtigen Präpositionen verwenden 37
Teste dich!
Mit Präpositionen umgehen 38
Wiederholen und vertiefen
○● Mit Präpositionen umgehen 39
●● Mit Präpositionen umgehen 39

Mit Satzgliedern umgehen 40
Übungen
Satzglieder ersetzen 41
Das mehrteilige Prädikat erfragen 42
Objekte erfragen 43
Adverbialbestimmungen erfragen 44
Das Attribut als Satzgliedteil erkennen 46
Teste dich!
Mit Satzgliedern umgehen 48
Wiederholen und vertiefen
○● Mit Satzgliedern umgehen 49
●● Mit Satzgliedern umgehen 50

Sätze unterscheiden 51
Übungen
Positionen der Nebensätze unterscheiden 52
Hauptsätze mit Konjunktionen verbinden 53
Hauptsätze mit Adverbien verbinden 54
Teste dich!
Sätze unterscheiden 55
Wiederholen und vertiefen
○● Sätze unterscheiden 56
●● Sätze unterscheiden 57

Satzgefüge bilden und Kommas setzen 58
Übungen
Funktionen von Nebensätzen ermitteln (Adverbialsätze, Attributsätze) 59
Teste dich!
Satzgefüge bilden und Kommas setzen 65
Wiederholen und vertiefen
○● Satzgefüge bilden und Kommas setzen 66
●● Satzgefüge bilden und Kommas setzen 67

Zeichen richtig setzen 68
Übungen
Kommas in Sätzen setzen 69
Zeichen in der wörtlichen Rede setzen 71
Teste dich!
Zeichen richtig setzen 72
Wiederholen und vertiefen
○● Zeichen richtig setzen 73
●● Zeichen richtig setzen 73

Strategien 2
Grammatik anwenden 74
Wozu auf die Stellung der Satzglieder achten? 74
Wozu auf Nebensätze achten? 75
Warum auf Aktiv und Passiv achten? 76
Welche Funktionen haben Zeitformen? 77
Was bedeutet Modalität? 78

So arbeitest du mit dem Heft:

Strategien 1

Hier lernst du, wie Sprache geordnet ist, wie du Sätze unterscheiden kannst und welche Fragen und Proben dir helfen, Wortarten und Satzglieder zu erkennen und zu bestimmen.

Übungen

Hier kannst du selbstständig üben.

 verweist dich auf die Fragen und Proben zu Wortarten und Satzgliedern im Strategieteil. Auf den Klappen und den Umschlagseiten sind Fragen und Proben zum schnellen Nachschlagen noch einmal zusammengefasst.

Kontrolliere deine Ergebnisse mit dem Lösungsteil.

Teste dich!

Mit den Testaufgaben kannst du dein Wissen und Können überprüfen.
- Trage die erreichten Punkte in das Kästchen ein und rechne die Gesamtpunktzahl aus.
- Schlage im Lösungsteil nach, wie du dein Ergebnis einschätzen kannst.

Wiederholen und vertiefen

○ ● Hier kannst du weiterüben, wenn du noch nicht so sicher bist.

● ● Hier kannst du weiterüben, wenn du schon sehr sicher bist.

Strategien 2

Hier lernst du, wie du deine grammatischen Kenntnisse beim Texteschreiben und bei der Überarbeitung von Texten anwenden kannst.

Auf einen Blick

Einen Überblick über grammatische Grundbegriffe sowie die wichtigsten Kommaregeln findest du auf den Umschlagseiten.

Sprache – eine Ordnung entdecken

1 Man kann auf unterschiedliche Weise unsere Sprache untersuchen. Zum Beispiel kann man die einzelnen **Wörter** betrachten.

a) Jedes der folgenden Wörter kannst du einer Wortart zuordnen. Unterstreiche alle Wörter, die zu einer Wortart gehören, mit der gleichen Farbe.

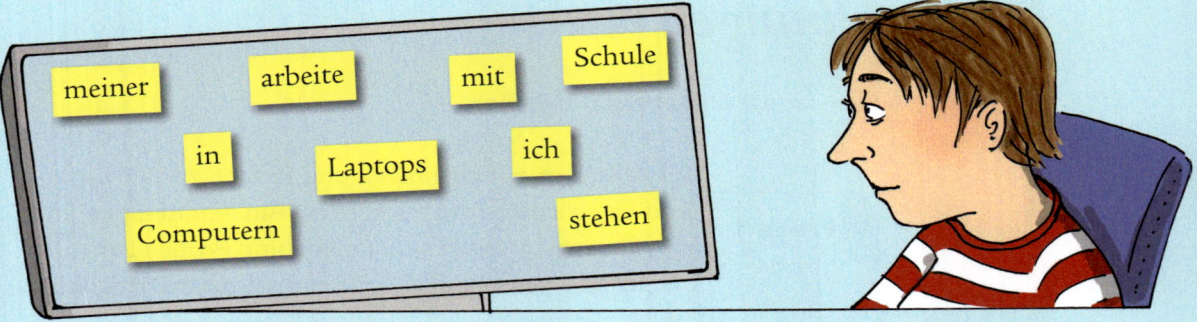

meiner — arbeite — mit — Schule — in — Laptops — ich — Computern — stehen

b) Wie viele verschiedene Wortarten hast du gefunden? Kreuze an.   2 ☐   4 ☐   6 ☐

Mögliche Wortarten

Nomen/Substantive
Pronomen
Verben
Adjektive
Präpositionen
Adverbien
Konjunktionen

2 Zeige, woran du die einzelnen Wortarten erkannt hast, indem du jede Wortart mit der passenden Erklärung verbindest. Trage in die Kreise je ein entsprechendes Beispielwort ein.

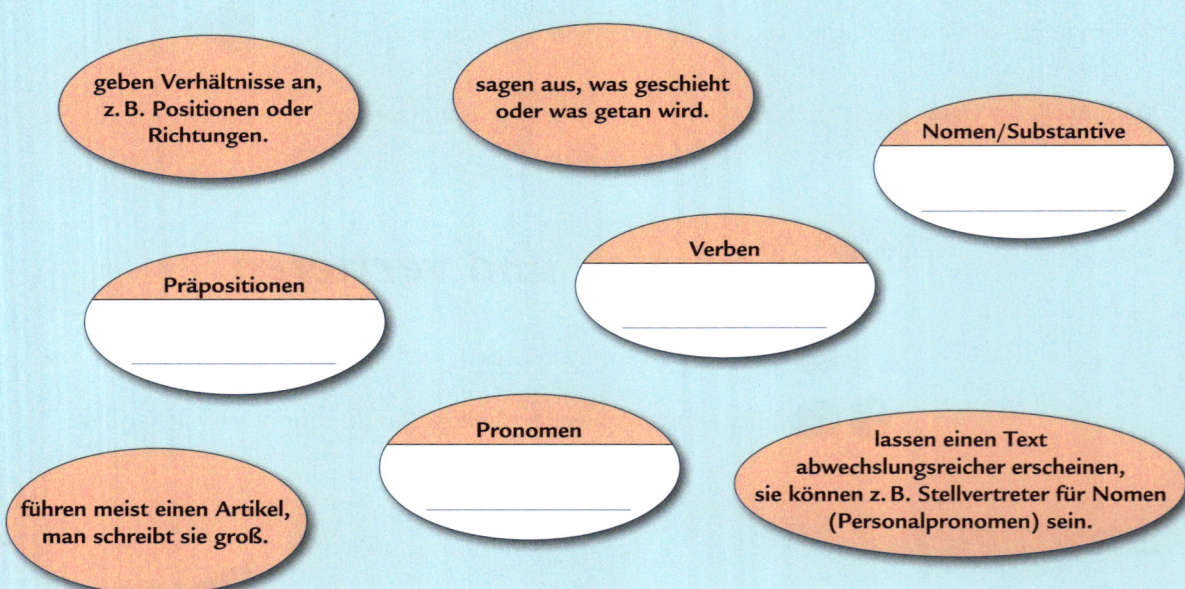

geben Verhältnisse an, z. B. Positionen oder Richtungen.

sagen aus, was geschieht oder was getan wird.

Nomen/Substantive

Verben

Präpositionen

Pronomen

führen meist einen Artikel, man schreibt sie groß.

lassen einen Text abwechslungsreicher erscheinen, sie können z. B. Stellvertreter für Nomen (Personalpronomen) sein.

3 Verwende alle oder einzelne Wörter aus Aufgabe 1a und bilde Sätze.

_____

_____

_____

4 a) Aus den folgenden Satzgliedern bzw. Satzgliedteilen können Sätze gebildet werden.
Kreise die Satzglieder ein, aus denen ein Kern-Satz bestehen muss: Subjekt und Prädikat.

eifrige   unaufgeräumten   der Schüler   wegen der Hausaufgaben   am Abend

hilfreichen   in seinem Zimmer   lästigen   späten   schwer atmend   frühen   begeistert

sitzt   vor dem Computerbildschirm   zur Klausurvorbereitung   im Büro   summenden

b) Erweitere diesen Kern-Satz mit möglichst vielen Satzgliedern und schreibe ihn auf.
Achte darauf, dass der Satz trotz seiner Länge sinnvoll bleibt.

_____

_____

_____

_____

_____

5 Jedes Satzglied übernimmt eine bestimmte Aufgabe im Satz.
Verbinde die einzelnen Satzglieder mit ihrer jeweiligen Funktion.

Voller Begeisterung	auf welche Art und Weise es passiert
beginnen	wann es passiert
nach dem Essen	was geschieht
die Studenten	wer etwas tut
den Sprachkurs	was passiert
zur Verbesserung ihrer Englischkenntnisse	wo es passsiert
im Computerraum.	warum es passiert

Einheiten von Sprache unterscheiden – Wortarten und Satzglieder

Einzelne Wörter kann man nach gemeinsamen grammatischen Merkmalen ordnen und benennen: das sind die **Wortarten**.
Satzglieder haben im Satz eine bestimmte Funktion und bestehen oft aus mehreren Wörtern.
Mit Hilfe der **Umstellprobe** kann man die **Anzahl der Satzglieder im Satz** ermitteln.
Zu einem Satzglied gehören jeweils die Wörter, die sich nur **zusammenhängend** umstellen lassen, z. B.:

Der eifrige Schüler *arbeitet* *an seinem Computer*.   *An seinem Computer* *arbeitet* *der fleißige Schüler*.

Sätze unterscheiden und bestimmen

1 Hier lernst du, wie Sätze gebaut werden können. Ein Text besteht nicht nur aus einfachen Hauptsätzen, sondern oft aus Satzgefügen (Verbindung aus Haupt- und Nebensätzen).

Checkliste für einen Hauptsatz

- Ein Hauptsatz ist ein **selbstständiger** und **vollständiger** Satz.
- Ein vollständiger Hauptsatz enthält immer ein **Subjekt** und ein **Prädikat**.
- Das Prädikat steht im Aussagesatz an **2. Satzgliedstelle**.

Checkliste für einen Nebensatz

- Der Nebensatz **kann nicht alleine stehen**, er ist von einem Hauptsatz abhängig.
- Das Prädikat bzw. die finite Verbform steht am **Ende des Nebensatzes**.
- Der Nebensatz wird oft mit einer **Konjunktion** oder einem **Relativpronomen** eingeleitet.

a) Wende die Checklisten an: Unterstreiche die Hauptsätze einfach, die Nebensätze doppelt und kreise die Prädikate ein. Überprüfe ihre Stellung im Satz.

Pippi Langstrumpf findet aus jeder Gefahr heraus, da sie klug und wagemutig ist.

Das zierliche Mädchen, das Wahnsinnskräfte besitzt, kann sein Pferd hochheben.

b) Überlege, welche Aufgaben die Nebensätze übernehmen. Kreuze an.

Der Nebensatz

☐ verknüpft Informationen   ☐ stellt Zusammenhänge besser dar

☐ erklärt bestimmte Umstände näher   ☐ gibt Zusatzinformationen

2 a) Verknüpfe die Sätze zu Satzgefügen. Schreibe den überarbeiteten Text ins Heft, z. B.:

Nachdem der Vater die Villa Kunterbunt gekauft hatte, lebte Pippi dort allein. ...

Der Vater hatte die Villa Kunterbunt gekauft. Pippi lebte dort allein. Dies erfährt der Leser zu Beginn des Romans. Er heißt „Pippi Langstrumpf". Astrid Lindgrens Tochter lag krank im Bett. Die Mutter las ihr Märchen vor. Karin wollte etwas von „Pippi" hören. Ihre Mutter dachte sich kleine Geschichten aus. Die Begeisterung für ihre Bücher hält bis heute an. Für viele ist die freiheitsliebende und mutige Pippi so etwas wie ein Vorbild.

b) Vergleiche die Texte. Was hat sich verändert? Ergänze den Merkkasten.

Hauptsätze allein wirken oft _____. Wenn Hauptsätze durch

_____ ersetzt oder mit einem anderen Hauptsatz kombiniert werden,

klingt der Text oft _____ und _____.

Wortarten erfragen

1 Hier lernst du, wie du durch bestimmte Fragen die jeweiligen Wortarten ermitteln kannst.

a) Bestimme mit Hilfe der Fragen in den Kästchen die Wortart der markierten Wörter im Text. Verbinde Kästchen und Wort mit einem Pfeil.

b) Trage in jedes Kästchen das passende markierte Wort aus dem Text ein.

Frage 1

Worum geht es im Satz?
↓
das Nomen/ Substantiv

Jungen

Frage 2

Was wird getan oder Was passiert?
↓
das Verb

Frage 8

Für welches Nomen steht es?
↓
das Personal-pronomen

Frage 7

Wem / Zu wem gehört etwas?
↓
das Possessiv-pronomen

Frage 3

Wie ist (die Eigen-schaft von) etwas oder jemand(em)?
↓
das Adjektiv

Frage 4

Ist ein Nomen männlich, weiblich oder sächlich?
↓
der Artikel

Geschichte vom Jungen, der keine Geschichte erzählen konnte ...

Paul Maar

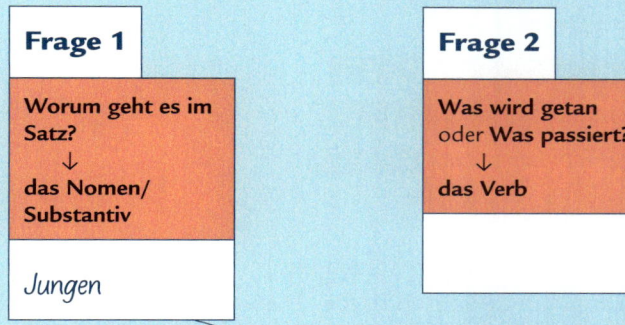

Ich will von einem Jungen erzählen, der keine Geschichten erzählen konnte. Er hieß Konrad und wohnte in Redelburg am Inn. Wenn zum Beispiel Konrads kleine Schwester fragte: „Konrad, erzählst du mir eine Geschichte?", antwortete er:

5 „Du weißt doch: Ich kann keine Geschichten erzählen." Konrads kleine Schwester hieß übrigens Susanne. Manchmal konnte Susanne nachts nicht einschlafen und drehte sich so lange hin und her, bis ihr Bruder drüben im anderen Bett wieder wach wurde und flüsterte: „Jetzt schlaf doch endlich

10 auch!" Aber wenn sie dann sagte: „Ich kann erst einschlafen, wenn du mir eine Geschichte erzählst", antwortete Konrad bestimmt: „Du weißt doch: Ich kann keine Geschichten erzählen." ...

Frage 6

In welcher Bezie-hung stehen Dinge oder Personen zueinander?
↓
die Präposition

Frage 5

Wie, wann, wo oder warum wird etwas getan?
↓
das Adverb

Satzgliedproben anwenden

1 Hier lernst du die Technik, wie du Satzglieder ermitteln kannst.
Die Umstellprobe und die Fragen, die du gegenüber in den Kästchen findest, helfen dir.

Probe 1: Die Umstellprobe

1. Schritt: Den Satz umstellen

Schreibe den Satz, den du untersuchen willst, mehrmals neu auf, indem du die Wörter umstellst, ohne den Sinn zu verändern.

Pippi Langstrumpf sorgt liebevoll für ihre beiden Tiere.

Liebevoll sorgt Pippi Langstrumpf für ihre beiden Tiere.

Für ihre beiden Tiere sorgt Pippi Langstrumpf liebevoll.

2. Schritt: Die Satzglieder ermitteln

Prüfe, welche Wörter auch in den neuen Sätzen zusammenbleiben. Markiere diese Wortgruppen in allen Sätzen in derselben Farbe. Diese Wortgruppen sind Satzglieder.

3. Schritt: Die Satzglieder bestimmen

Stelle passende Fragen nach den Satzgliedern. Anhand der Fragewörter kannst du sehen, um welches Satzglied es sich jeweils handelt.

---

2 a) Lies die Sätze. Entscheide dich für die beste Formulierung und streiche die anderen durch.

ohne Eltern mit ihren Tieren wohnt lebt ist in der Villa Kunterbunt in einem Haus am Rande der Stadt die 9-jährige junge furchtlose Pippi Langstrumpf

_____

_____

die Freundschaft das freundschaftliche Verhältnis die Treffen ihrer Kinder wollen versuchen beschließen die besorgten strengen spießigen Eltern zuerst ganz am Anfang als Erstes (zu) verbieten unterbinden verhindern.

_____

_____

b) Stelle die Satzglieder um und schreibe die Sätze auf die Leerzeilen neu auf.

Probe 2: Die Ersatzprobe

Man kann in einem Satz **Satzglieder** durch andere, gleichartige Satzglieder **ersetzen**, die das, was man sagen möchte, **treffender** ausdrücken.

Die Eltern	verbieten	eine innige Freundschaft.
Die besorgten Eltern	unterbinden	die Freundschaft ihrer Kinder.

Satzglieder und Satzgliedteile erfragen

1 a) Die folgenden Satzglieder fehlen im Text. Setze sie an den richtigen Stellen ein.

wegen ihrer Stärke und ihres Selbstbewusstseins, Pippi Langstrumpf, schon am ersten Tag, heimlich, zwei Koffer, erreicht, in verschiedenen Läden, mit anderen Kindern, dem lustigen Mädchen, voller Goldstücke

b) Bestimme die Satzglieder. Welche Fragen können dir bei der Entscheidung helfen? Verbinde je ein eingetragenes Satzglied mit der dazu passenden Frage.

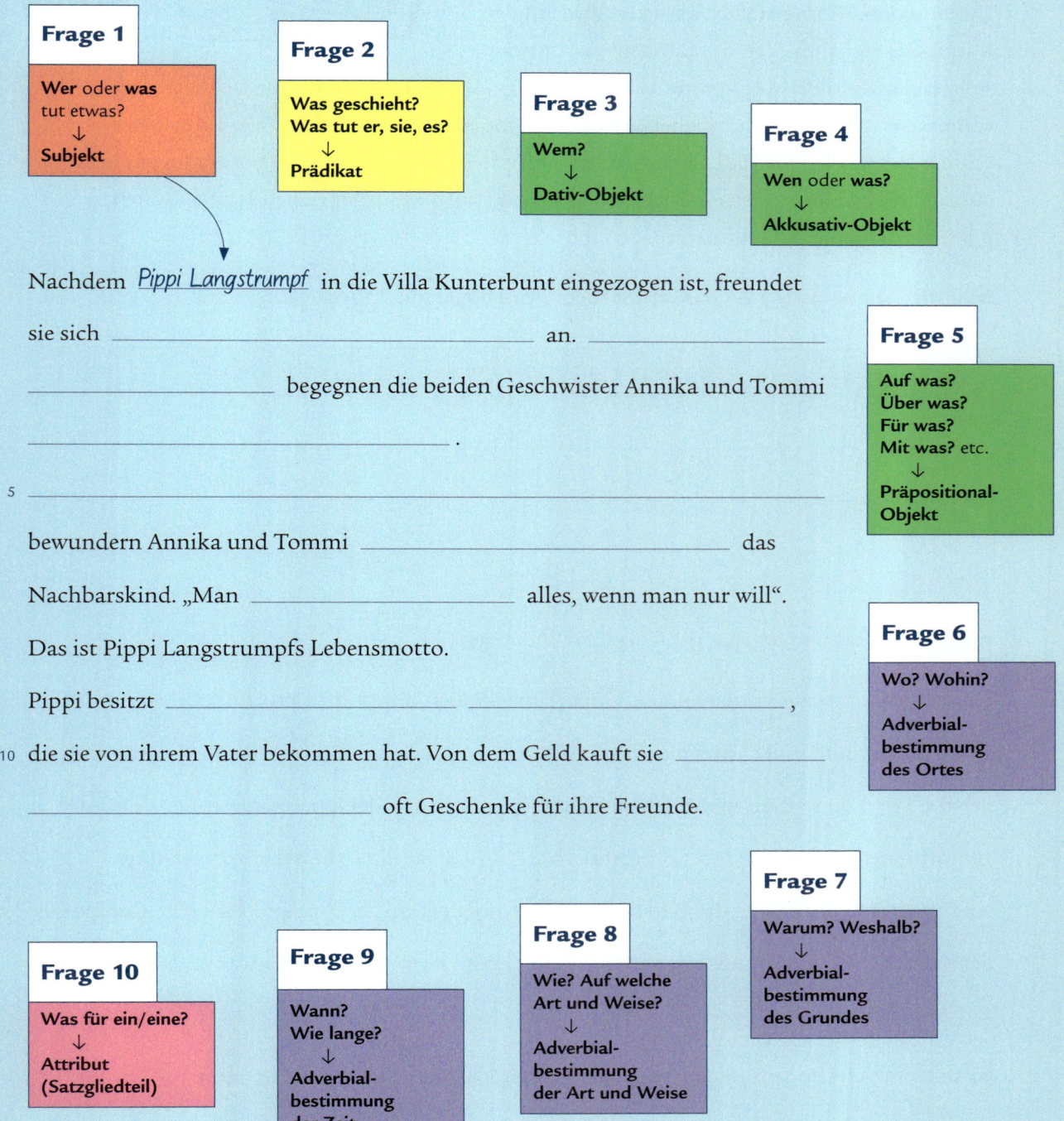

Frage 1

Wer oder **was**
tut etwas?
↓
Subjekt

Frage 2

Was geschieht?
Was tut er, sie, es?
↓
Prädikat

Frage 3

Wem?
↓
Dativ-Objekt

Frage 4

Wen oder **was**?
↓
Akkusativ-Objekt

Nachdem *Pippi Langstrumpf* in die Villa Kunterbunt eingezogen ist, freundet

sie sich _____ an. _____

_____ begegnen die beiden Geschwister Annika und Tommi

_____ .

5 _____

bewundern Annika und Tommi _____ das

Nachbarskind. „Man _____ alles, wenn man nur will".

Das ist Pippi Langstrumpfs Lebensmotto.

Pippi besitzt _____ _____ ,

10 die sie von ihrem Vater bekommen hat. Von dem Geld kauft sie _____

_____ oft Geschenke für ihre Freunde.

Frage 5

Auf was?
Über was?
Für was?
Mit was? etc.
↓
Präpositional-Objekt

Frage 6

Wo? Wohin?
↓
Adverbial-bestimmung des Ortes

Frage 7

Warum? Weshalb?
↓
Adverbial-bestimmung des Grundes

Frage 8

Wie? Auf welche Art und Weise?
↓
Adverbial-bestimmung der Art und Weise

Frage 9

Wann?
Wie lange?
↓
Adverbial-bestimmung der Zeit

Frage 10

Was für ein/eine?
↓
Attribut (Satzgliedteil)

Übungen

Wortarten wiederholen

Was kannst du schon?

Fragen ←
Wortarten

1 a) Lies den folgenden Text. Unterstreiche alle Nomen rot und alle Verben grün.

Du kannst <mark>leicht</mark> mit wenigen Mausklicks ein Profil bei sozialen Netzwerken erstellen. Wer sein eigenes Profil löschen will, hat es allerdings <mark>schwer</mark>: Facebook und Co. versuchen alles, um <mark>ihre</mark> jungen

5 Mitglieder zu halten – gerne auch <mark>mit</mark> emotionaler Ansprache. Zum Beispiel kommt eine Nachricht: „Alle <mark>deine</mark> Freunde werden dich sehr vermissen – und wir auch!" <mark>Daneben</mark> ist eine <mark>weinende</mark> Frau abgebildet. Wer ein <mark>soziales</mark> Online-Netzwerk <mark>dauerhaft</mark> verlässt, muss einige Hürden überwinden. Tritt der Jugendliche aus und <mark>sein</mark> gesamter Freundeskreis ist <mark>auf</mark> einer Plattform, fühlt er sich <mark>schnell</mark> isoliert

10 oder er wird von den Freunden ausgelacht.

b) Prüfe die markierten Wörter und sortiere sie richtig in die Tabelle ein.

Adjektiv	Possessivpronomen	Präposition	Adverb

2 a) Lies den Text und ergänze die fehlenden Endungen.

Die ersten Computer werden in den 1930er- und 1940er-Jahren entwicke_____ .

Konrad Zuse gilt als der Vater d_____ Computer_____ , weil er 1938 die erste Rechenmaschine

gebaut hatte. Zu weitaus mehr Bekanntheit hat es allerdings der amerikanisch_____ ENIAC

gebracht, der 1945 mit sein_____ gigantisch_____ Ausmaß_____ und der Verwendung

von Elektronenröhr_____ das Bild d_____ Elektronengehirn_____ prägte. Der erste Computer,

der de_____ Bild des Computers, so wie wir ihn heute kenn_____ , am ehesten entsprach,

war 1949 der EDSAC.

b) Unterstreiche im Text mindestens zehn Wörter, die man nicht flektieren kann.

Info

Wortarten können unterteilt werden in:
- flektierbar (durch Beugung veränderbar), z. B. Nomen, Verb etc.
- nicht flektierbar, z. B.: Adverb, Präposition etc.

Wortarten erkennen und bezeichnen

1 a) Hier fehlen Wörter. Wähle aus der Randspalte passende aus und trage sie ein.

Jeder Zweite zwischen 12 und 19 Jahren *loggt* sich in seine Online-Community ein,

die meisten von ihnen sogar täglich. Der Austausch von _____ , Einträgen,

Kommentaren und Statusmeldungen über _____ Netzwerke ist somit die

am _____ verwendete Kommunikationsform _____ Internet.

Wenn man – ohne vorher gefragt worden zu sein – Bilder von sich in sozialen

_____ oder _____ im Internet findet, hat man einen

_____ Anspruch darauf, dass sie _____ werden. Man muss dabei

nicht _____ einen Anwalt einschalten. Es reicht aus, dem Inhaber des

_____ Profils bzw. Fotoalbums eine _____ E-Mail zu schreiben

und um Entfernung zu _____ .

b) Welche Wörter, die du eingesetzt hast, musstest du nicht verändern? Kreise sie ein.

Tipp
Die meisten Wörter musst du flektieren (verändern), damit sie in den Text passen.

~~loggen~~
sozia
kurz
rechtlich
im
Netzwerk
jeweilig
Bilder
entfernen
sofort
anderswo
bitten
häufig

→ **Fragen**

Wortarten

2 a) In diesem Text sind alle Wörter kleingeschrieben. Bestimme die folgenden Wortarten und markiere sie wie angegeben. Überprüfe mit der Lösung.

Nomen = rot unterstreichen
Verben = grün unterstreichen
Adjektive = blau unterstreichen
Pronomen = einrahmen

wenn man twittert, will man anderen leuten etwas mitteilen, was einem wichtig erscheint.

es ist für den, der twittert, sehr wichtig, wie viele leute seine nachrichten lesen wollen.

twitter wird auch als soziales netzwerk oder ein meist öffentlich einsehbares tagebuch im

internet definiert. privatpersonen, organisationen, große unternehmen, bekannte schauspieler,

politiker und viele massenmedien nutzen twitter als plattform zur weiten verbreitung von

langweiligen oder interessanten textnachrichten im internet.

b) Schreibe den Text in der richtigen Groß- und Kleinschreibung in dein Heft.

3 a) Kennst du die folgenden SMS-Kürzel? Ordne zu wie im Beispiel vorgeführt.

1. Automatische Antwort.
2. Alles deine Schuld.
3. Am liebsten dich.
4. Ansichtssache.
5. Antworte schnell und präzise.
6. Bei dir piept es wohl!
7. Blödfrau!
8. Ich chatte später mit dir. (engl.: „Chat with you later.")

9. Doof bleibt doof, da helfen keine Pillen und keine kalten Umschläge.
10. Du nervst!
11. Du bist mein Leben.
12. Erwarte immer das Unmögliche.
13. Achtung!

8UNG

13

AA ☐

CWYL ☐

DUBIM EILE ☐

BDPEW ☐

BF ☐

ALDI ☐

AS ☐

EIDU ☐

DN! ☐

DBDDH KPUKKU ☐

ADS ☐

ASUP ☐

b) Markiere in jeder Erklärung zwei Wortarten, so wie in Aufgabe 2 (↗ S. 13) gezeigt.

Teste dich!

Wortarten wiederholen

1 Überprüfe mit Hilfe der folgenden Fragen, ob du die Funktionen der Wortarten richtig erkennst. Kreuze die richtige(n) Antwort(en) an.

1. Das Wort VIELE ist ein Nomen.
   ☐ richtig   ☐ falsch

2. Welches Wort ist kein Adjektiv?
   ☐ sozial   ☐ sehr   ☐ modern   ☐ interessant

3. Das Wort OFT ist ein Adverb.
   ☐ richtig   ☐ falsch

4. Was können Verben bezeichnen?
   ☐ Dinge   ☐ Namen   ☐ Ortswechsel   ☐ Handlungen

5. Was können Nomen bezeichnen?
   ☐ Dinge   ☐ Gefühle   ☐ Pflanzen   ☐ Personen

6. Wie nennt man die ständigen bestimmten oder unbestimmten Begleiter von Nomen?
   ☐ Artikel   ☐ Adjektiv   ☐ Pronomen

7. Was ist ein Personalpronomen?
   ☐ Stellvertreter   ☐ Stellvertreter   ☐ Stellvertreter
   von Nomen   von Adjektiven   von Verben

8. Welches Wort ist ein Personalpronomen?
   ☐ sie   ☐ jemand   ☐ mein

9. Das Wort ER ist ein Personalpronomen.
   ☐ falsch   ☐ richtig

10. Was ist ein Possessivpronomen?
    ☐ Besitzlosigkeit   ☐ besitzanzeigendes   ☐ personen-
    anzeigendes Fürwort   Fürwort   anzeigendes
                                                                 Fürwort

11. Welche Wörter sind Possessivpronomen?
    ☐ du   ☐ ihm   ☐ sein   ☐ unser   ☐ dein

12. Das Wort IHR ist ein Possessivpronomen.
    ☐ richtig   ☐ falsch

13. Was ist ein Demonstrativpronomen?
    ☐ hinweisendes Fürwort   ☐ Stellvertreter

14. Die Wörter DER/DIE/DAS sind:
    ☐ bestimmte Artikel   ☐ Relativpronomen   ☐ beides

15. Kreuze das Modaladverb an.
    ☐ gerne   ☐ dort   ☐ im

16. Kreuze die Konjunktion an.
    ☐ schön   ☐ nachdem

17. Das Wort DORT ist ein:
    ☐ Adjektiv   ☐ Lokaladverb

18. Welches Wort ist kein Pronomen?
    ☐ sehr   ☐ mein   ☐ ich

19. Von welcher Wortart lässt sich ein Partizip bilden?
    ☐ Verb   ☐ Adjektiv   ☐ Nomen

20. Kreuze die unveränderliche Wortart an.
    ☐ Verb   ☐ Konjunktion   ☐ Artikel   ☐ Nomen

gesamt
/25

15

Wiederholen und vertiefen

Wortarten wiederholen

Fragen ←

Wortarten

1 Bestimme die Wortarten der markierten Wörter und schreibe die Antworten rechts auf die entsprechende Leerzeile.

Bereits in **KINDERGÄRTEN** wird **HEUTE** _____ _____

DER Einsatz von Computern erprobt. **DIE** Kleinen _____ _____

lernen **SPIELERISCH** logisches **DENKEN**, _____ _____

EINE Fremdsprache **UND** die Bedienung _____ _____

eines **TECHNISCHEN** Geräts. _____

Die Nutzung des modernen **MEDIUMS** hat **VIELE** Vor- und _____ _____

Nachteile, die **ES** zu bedenken **GILT**. _____ _____

Bei maßvollem Umgang **SCHEINEN** die Vorteile zu _____

überwiegen.

Frage 7, 8 ←

Wortarten

2 a) Der folgende Text sollte überarbeitet werden, da ein Wort ständig wiederholt wird. Lies den Text und unterstreiche das entsprechende Wort.

Ich spiele sehr gerne jeden Nachmittag mit dem Computer. Ich finde die Zeit, die ich am Computer verbringe, sehr entspannend. Man kann den Computer nicht nur zum Spielen verwenden. Am Wochenende schreibe ich mit dem Computer E-Mails an meinen Freund in Frankreich. Gelegentlich schaue ich mir auch Filme auf dem Computer an. Am meisten Spaß macht es mir allerdings, über den Computer zu telefonieren – das heißt „skypen".

b) Überarbeite den Text. Verwende Pronomen und/oder stelle Satzglieder um.

_____

_____

_____

_____

_____

_____

_____

_____

Übungen

Mit Verben umgehen

Was kannst du schon?

1 a) Unterstreiche in dieser Beschreibung alle Verben und trage sie auf die Schreiblinien ein.

→ **Frage 2**
Wortarten

Nasser „Klebstoff" – so geht's:

Glas bis zum Rand mit Wasser füllen und einen Plastikdeckel oben drauf legen, festhalten und das Glas umdrehen. Dann den Deckel loslassen – er bleibt nun auch ohne Hilfe kleben und das Wasser läuft nicht heraus.

☐ _____ ☐ _____ ☐ _____ ☐ _____

☐ _____ ☐ _____ ☐ _____ ☐ _____

b) Zwei der Verbformen unterscheiden sich von den anderen. Kreuze an, welche.

c) Ergänze die folgende Regel und überprüfe mit der Lösung.

> Finite (gebeugte) Verbformen
>
> Der _____ ist die Grundform des Verbs. Er besteht aus dem Stamm und
>
> der Endung -(e)n, z.B. les-en, lächel-n. Bei Verwendung in Sätzen
>
> Verben ihre Form, sie werden konjugiert (gebeugt). Diese veränderten Formen nennt man
>
> _____ Verbformen oder Personalformen.

2 a) Bilde verschiedene Personalformen des Verbs, indem du die folgenden Infinitive in der richtigen Form in den Text einfügst.

drücken, sein, pressen, können, hinausströmen, können, hinausfließen, umdrehen, müssen, festhalten, werden

Was passiert? Zwar _____ das Wasser auf den Deckel, aber der Druck der Luft von

unten _____ größer. Sie _____ den Deckel fest an das Glas. Deshalb

_____ keine Luft _____ und auch Wasser _____

nicht _____. Achtung: Bevor du das Glas wieder _____,

_____ du den Deckel _____, sonst _____ du nass.

b) Unterstreiche alle finiten Verben. Umkreise alle Infinitive.

Info
konjugieren
Wenn du ein Verb in verschiedene Personalformen setzt, **konjugierst** oder **beugst** du es.

Partizip I und II bilden

1 Verbinde diese gleichzeitigen Vorgänge mit Hilfe passender Partizipien I.
Rahme die Partizipien ein, z. B.:

Ich sitze im Baumhaus. Ich döse.

Ich sitze dösend im Baumhaus.

Ich sehe dich. Du tanzt und pfeifst ein Lied.

_____

Du stehst an der Haltestelle. Du siehst den Bus herankommen.

_____

Sie liest einen spannenden Roman. Dabei sitzt sie im Zug nach Prag.

_____

Info
Das Partizip I (Partizip Präsens)
So wird es gebildet:
Verbstamm + (e)nd, z. B.: *singend, lächelnd*
Das Partizip I beschreibt **Zustände** oder **Handlungen**, die **gleichzeitig ablaufen**, z. B.:
*Ein Kind hüpft, ein Lied **singend**. Sie schaut mich **lächelnd** an.*

Info
Das Partizip II (Partizip Perfekt)
So wird es gebildet:
ge- + Verbstamm + -en/-(e)t, z. B.: *gesungen, gelächelt*
Das Partizip II beschreibt **Zustände** und **Vorgänge**, die bereits abgeschlossen sind, z. B.:
*Ich **habe** die Landung eines Storchs **gesehen**.*

2 Im folgenden Text musst du aus den Verben in Klammern entweder das Partizip I oder das Partizip II bilden. Trage die jeweils richtige Form ein.

Lisa sitzt ganz allein im Baum am Fluss. Während sie *herumhangelnd* (herumhangeln)

einen Platz sucht, sieht sie einen Jungen im Kanu, vorsichtig _____

(heranpaddeln). Er wirkt _____ (abwarten). Seine Augen sind auf einen

Fischreiher _____ (richten), der _____ (dösen) am Ufer steht.

Deshalb hat dieser den Fuchs nicht _____ (sehen), der gefährlich nah

_____ (kommen) ist, um ihn zu fangen. Durch das _____

(klatschen) Geräusch eines Paddels kann der Reiher gerade noch _____ (warnen)

werden und so muss sich der rote Jäger _____ (schlagen) zurückziehen.

Info
Partizipien können wie **Adjektive** oder **Adverbien** verwendet werden, z. B.:
*Er tröstet den **weinenden** Jungen.*
*Sie hielt ihn **lachend** fest.*

Die Zeitform der Gegenwart verwenden

1 a) Unterstreiche im folgenden Gedicht alle Verben.

Wintersport

Erich Kästner (verändert)

[...] Die Leute fuhren Bob und Ski // am Hange hinterm Haus.

Ja, und von Weitem sahen sie // wie Sommersprossen aus.

Das Publikum war möglichst laut. // Was tat das der Natur?

Sie wurde* nicht für es gebaut. // Und schwieg. Und lächelte nur.

[...] Die Berge und der Wasserfall verloren jeden Sinn.

Am Donnerstag war Lumpenball. Da passten manche hin.

Sie konnten nie bescheiden sein und fanden alles nett.

Und glaubten, die Natur sei // ein Komfort wie das Klosett. [...]

b) Der Autor hat das Gedicht im Präsens verfasst. Setze alle Verben (bis auf das mit dem Sternchen*) ins Präsens und schreibe das Gedicht in dein Heft.

c) Wie hat sich die Aussage des Gedichts geändert? Kreuze an, was für dich zutrifft.

☐ das Gedicht klingt aktueller   ☐ die Aussage ist zeitlos

☐ es spricht mich direkter an   ☐ keine Änderung

2 a) Setze Verben in der passenden Tempusform ein. Nutze die Wörter aus der Randspalte.

Ein Problem _sind_ die Pistenraupen, da sie die Schneedecke so sehr _____

_____ und _____, dass die Pflanzen nicht mehr

_____ können und deshalb _____.

Wenn die Pflanzen _____, _____ die

Erde praktisch kein Wasser mehr auf. Der Regen _____ den Hang

hinunter und _____ immer mehr Erde mit sich. Diesen Vorgang

_____ man Bodenerosion.

b) Was drückt das Präsens in diesem Text aus? Kreuze an.

☐ Gegenwart   ☐ Allgemeingültigkeit   ☐ Zukünftiges

Info

Das **Präsens** drückt aus:

○ was **gerade** passiert, z. B.: *Es regnet.*

○ was **immer** gilt, z. B.: *Er heißt Max.*

○ in Verbindung mit **Zeitwörtern**, was **zukünftig** passieren wird, z. B.: *Ich lerne **morgen**. Ich heirate **bald**.*

sein

zusammendrücken

verdichten

atmen

sterben (2x)

nehmen

fließen

nehmen

nennen

Zeitformen der Vergangenheit verwenden

1 a) Streiche im Text über Sophie Scholl die jeweils falsch verwendete Zeitform durch.

Sophie Scholl (1921–1943) ist/war eine der bekanntesten deutschen Widerstandskämpferinnen in der Zeit, als sich Hitler an der Macht befindet/befand. Zusammen mit ihrem Bruder Hans wehrt/wehrte sie sich gegen eine Regierung, die es den Menschen verbietet/verbot, offen ihre Meinung zu sagen; die den 2. Weltkrieg angezettelt hat/hatte und viele ihrer Bürger in Konzentrationslagern umbringt/umbrachte. Sophies Widerstandsgruppe heißt/hieß die „Weiße Rose". Die Nazis finden/fanden heraus, dass die Geschwister Flugblätter verteilen/verteilten – und lassen/ließen die beiden hinrichten. Viele Straßen- und Schulnamen erinnern/erinnerten heute an ihren Mut.

b) Markiere alle unregelmäßigen Verben und schreibe sie heraus. Markiere den Stamm.

Tipp
Der Text enthält sieben unregelmäßige Verben.

Das Präteritum

Mit dem **Präteritum** kann man ausdrücken, was in der **Vergangenheit** passiert ist.

Man unterscheidet:

○ **regelmäßige (schwache) Verben:** Der Vokal im Wortstamm ändert sich nicht, z. B.:

merken: ich merkte, wir merkten; kaufen: ich kaufte, wir kauften

○ **unregelmäßige (starke) Verben:** Der Vokal im Wortstamm ändert sich, z. B.:

laufen: ich lief, wir liefen; fallen: ich fiel, wir fielen

2 Schreibe den Text ab und setze die markierten Verben ins Präteritum. Nutze dein Heft.

Info
Das **Präteritum** ist eine typische Tempusform für schriftliche **Erzählungen** und **Berichte**.

Des Löwen Anteil

(nach Äsop)

Löwe, Esel und Fuchs schließen einen Bund und gehen zusammen auf die Jagd. Als sie nun reichlich Beute gemacht hatten, befiehlt der Löwe dem Esel, diese unter sie zu
5 verteilen. Der macht drei gleiche Teile und fordert den Löwen auf, sich selbst einen davon zu wählen. Da aber wird der Löwe wild,

zerreißt den Esel und befiehlt dem Fuchs zu teilen. Der schiebt fast die ganze Beute auf einen großen Haufen zusammen und lässt für sich selbst nur ein paar kleine Stücke über.
10 Da schmunzelt der Löwe: „Ei, mein Bester, wer hat dich so richtig teilen gelehrt?"

3 a) In diesem Text erzählt Sarah von etwas, was sich in der Vergangenheit ereignet hat. Kennzeichne die Verben, die das anzeigen.

Die Kinderfilm-Universität in Potsdam

Sarah hat für einen Wettbewerb eine Fotogeschichte erarbeitet. Es geht um ein Mädchen, das nachts in eine Wohnung einbricht und erwischt wird. „Ich habe mir dieses Thema ausgedacht, weil ich gerne etwas machen wollte, was im Dunkeln spielt", sagt Sarah. „Eine Freundin und ihre kleine Schwester haben mir geholfen. Wir haben uns bei mir zu Hause getroffen und überlegt, wie die Szenenabfolge sein sollte. Dann ging es los, immer abwechselnd hat eine von uns fotografiert. Vor den Blitz vom Fotoapparat haben wir immer etwas gehalten, damit es wie richtige Dunkelheit aussieht. Ein Filmstudent hat mir noch ein paar Tipps gegeben, was ich besser machen kann."

b) Bilde in den folgenden Sätzen die Perfektformen und fülle die Lücken.

„Ich _____ mich für das Thema _____ (interessieren), weil ich

etwas im Dunkeln fotografieren wollte. Meine Schwester und eine Freundin _____

(sein) mir dabei zu Hilfe _____ (kommen). Immer abwechselnd _____

(sein) eine von den beiden hinter die Kamera _____ (treten)."

> **Tipp**
>
> Das **Perfekt** gehört zu den zusammengesetzten Zeitformen, weil es aus **zwei Verbteilen** besteht.

> ### Das Perfekt
>
> Das **Perfekt** wird verwendet, wenn man von der **Vergangenheit erzählt**. Es wird vor allem in **mündlichen** Erzählungen gebraucht, z. B.:
>
> *Gestern **ist** etwas Lustiges **passiert**. Ich **bin** die Straße **entlanggeschlendert**, als …*
>
> So wird es gebildet:
>
> **Präsens** von *haben/sein* + Partizip II, z. B.:
>
> *er **hat gewartet**; sie **haben geschrieben**; sie **ist gefallen**; wir **sind geblieben***

4 Bilde von jedem Verb aus der Randspalte das Perfekt und sortiere die Formen richtig in die Tabelle ein. Beachte die vorgegebene Personalform.

haben	sein
sie hat gesungen	es ist
ich	du
ihr	wir
ich	sie

singen
sinken
antworten
fahren
sprechen
laufen
nehmen
sterben

5 a) Unterstreiche im folgenden Satz die Verbform, die die abgeschlossene Handlung anzeigt.

Jahrhundertelang waren Bemühungen, im deutschen Sprachraum eine einheitliche Rechtschreibung zu schaffen, am Fehlen einer übergeordneten Behörde gescheitert.

b) Kreuze den Satz an, der inhaltlich logisch ist.

☐ Die Veröffentlichung des ersten „Dudens" im Jahr 1880 war ein wichtiger Schritt gewesen,
wonach im Juni 1901 schließlich die Veröffentlichung der deutschlandweit gültigen
Orthografie-Regeln folgte.

☐ Nachdem im Juni 1901 schließlich die Veröffentlichung der Orthografie-Regeln folgte,
war die Veröffentlichung des ersten „Dudens" 1880 ein wichtiger Schritt gewesen.

c) Begründe deine Entscheidung, indem du die Sätze ergänzt. Vergleiche mit der Lösung.

Der Satz ist inhaltlich logisch, weil die _____ Handlung _____ ,

bevor die _____ Handlung beginnt. Erkennbar ist das am Signalwort _____ .

Das Plusquamperfekt

Das **Plusquamperfekt** drückt aus, dass eine Handlung **vor einer anderen Handlung**
stattgefunden hat (Vorzeitigkeit), z. B.:

*Er hat gestern nicht angerufen, obwohl er es vorgestern **versprochen hatte**.*

Es setzt sich wie das Perfekt aus **zwei Teilen** zusammen. So wird es gebildet:
Präteritum von **haben/sein** + **Partizip II**, z. B.:

*ich **hatte verloren**; er **war abgestürzt***

---

6 Setze die passende Zeitform in die Lücken (Präteritum oder Plusquamperfekt). Beachte dabei die
Signalwörter.

Zur Durchsetzung einer gültigen deutschen Rechtschreibung _____ (bilden)

man eine allgemeine Konferenz, nachdem Konrad Duden schon Regeln _____

_____ (entwerfen).

Zahlreiche Schüler _____ (ärgern) sich über die vielen Regeln. Sie _____

sich zuvor an eigene Schreibungen _____ (gewöhnen).

Bevor man eine vereinbarte Schreibweise der Wörter _____ (einführen),

_____ es viele Verständnisprobleme beim Drucken von Handschriften

_____ (geben).

Tipp
**Signalwör-
ter**, die das
**Plusquam-
perfekt**
anzeigen:

nachdem
zuvor
bevor

Zeitformen der Zukunft verwenden

1 Im folgenden Text geht es um die Zukunft. Setze die passenden Verbformen ein und unterstreiche alle Wörter, die auf Zukünftiges verweisen.

Morgen _____ wir sicher mit allem fertig _____ .

Nachher _____ wahrscheinlich die Lieferung Fußbälle _____ .

Im nächsten Jahr _____ du zum Schüleraustausch nach Schweden _____ .

2 Die markierte Verbform steht im Futur II. Was drückt sie aus? Kreuze an.

Im darauffolgenden Jahr <mark>wirst</mark> du den Austausch <mark>beendet haben</mark>.

☐ Sie drückt aus, dass ein Geschehen in der Zukunft abgeschlossen sein wird.

☐ Sie zeigt an, dass ein Geschehen bereits passiert ist.

> **Das Futur II**
>
> Mit dem **Futur II** drückt man aus, dass etwas **in der Zukunft abgeschlossen sein wird**, z. B.:
> *Nächstes Jahr* **werde** *ich die Schule* **abgeschlossen haben**.
>
> So wird es gebildet:
> **Präsens** von **werden** + **Partizip II** + **Infinitiv** von **haben/sein**, z. B.:
> *es* **wird geregnet haben**; *es* **wird überstanden sein**

3 Forme die Verben in Klammern in Futur I bzw. II um und fülle die Lücken, z. B.:

Der Wetterbericht sagt Regen voraus. <u>Wird</u> es wirklich genug <u>regnen</u> oder <u>werde</u> ich dann zu

wenig <u>gegossen haben</u>? (regnen, gießen)

Heute scheint der Vollmond. _____ ich _____ können oder werde ich am Ende

der Nacht ein Buch _____ _____ ? (schlafen, lesen)

Die Nationalmannschaft ist zurzeit Weltmeister. _____ sie den Titel

_____ oder _____ wir am Schluss umsonst die Daumen

_____ _____ ? (verteidigen, drücken)

Ich fahre jetzt ins Schwimmbad. _____ dort genügend Schattenplätze _____

oder _____ ich einen Sonnenschirm _____ _____ ? (vermissen, sein)

Info
Das **Futur I**
Mit dem **Futur I** drückt man aus, was in der **Zukunft** passieren wird.
So bildet man es:
werden + **Infinitiv**, z. B.:
Wir **werden** *es* **überstehen**.

Tipp
Signalwörter für Aussagen über die Zukunft:
morgen
in den nächsten Tagen
in Zukunft
bald
übermorgen

Modalverben verwenden

1 **a)** Untersuche, was die gekennzeichneten Verbformen in den folgenden Sätzen jeweils ausdrücken. Ordne dazu jeden Satz zu der dazu passenden Aussageabsicht.

1. Wir *möchten* das Experiment gerne selbst ausprobieren.
2. *Müssen* wir danach den Boden wischen?
3. Du *solltest* den Deckel besser nicht umgedreht loslassen.
4. *Dürfen* wir es in der Küche durchführen?
5. Du *kannst* gern während des gesamten Experiments zuschauen.

Wunsch	1	Empfehlung		Erlaubnis		Gebot		Möglichkeit	
möchten									

b) Schreibe das jeweils passende Modalverb im Infinitiv dazu.

> **Die Modalverben**
>
> Die Verben **können, müssen, sollen, wollen, mögen** und **dürfen** sind **Modalverben**.
> Sie stehen immer in Verbindung mit einem Verb im Infinitiv und verändern die **Modalität**
> (die Bedeutung) dieses Verbs, z. B.:
>
> *Das Wasser* **kann** *nicht hinausfließen.* → *Möglichkeit*
>
> *Du* **musst** *den Deckel festhalten.* → *Gebot*

2 Trage passende Modalverben ein und kreuze die jeweilige Aussageart an.

Ich _____ leider nicht zu deinem diesjährigen Geburtstagsfest kommen.

☐ Möglichkeit ☐ Gebot ☐ Erlaubnis ☐ Wunsch ☐ Empfehlung

Man _____ sich nach dem Verzehr von Süßem die Zähne gründlich putzen.

☐ Möglichkeit ☐ Gebot ☐ Erlaubnis ☐ Wunsch ☐ Empfehlung

Sie _____ bei jedem Training an ihre Fußballschuhe denken.

☐ Möglichkeit ☐ Gebot ☐ Erlaubnis ☐ Wunsch ☐ Empfehlung

Er _____ nächste Woche erstmals am Trampolintraining teilnehmen.

☐ Möglichkeit ☐ Gebot ☐ Erlaubnis ☐ Wunsch ☐ Empfehlung

Wir _____ bei der Grillmeisterschaft im Freien nicht nass werden.

☐ Möglichkeit ☐ Gebot ☐ Erlaubnis ☐ Wunsch ☐ Empfehlung

Aktiv und Passiv unterscheiden

Mein Lieblingsgetränk zum Nachmachen

Je 200 g frische Erdbeeren und Himbeeren ==werden== ==abgespült== und klein ==geschnitten==.
Die Beeren, Zitronensaft und zwei Esslöffel Puderzucker ==werden== dann ==püriert==. Danach ==wird==
das Beerenmark in eine flache Schale ==gegeben== und ca. 45 Min. ==eingefroren==.
Anschließend koche ich zwei Teelöffel Waldbeeren mit 200 ml Wasser und füge 100 ml
Orangensaft hinzu, verrühre es und lasse alles abkühlen.
Währenddessen ==werden== vier kleine Gläser ins Tiefkühlfach ==gestellt==. Abschließend ==wird== der Tee
mit dem Beerenmark in einem hohen Becher ==durchgemixt== und in die gekühlten Gläser ==gefüllt==.

1 a) Alle gekennzeichneten Verbformen sind Passivformen. Schreibe sie heraus.

werden abgespült und geschnitten _____

_____ _____

_____

b) Der Text enthält einen Satz, in dem die Verbformen im Aktiv stehen.
Markiere ihn und beschreibe die Wirkung, die die Verwendung der aktiven Verben auf dich hat.

_____

2 a) Fülle für einen Passivsatz und einen Aktivsatz das Satzgliedschema aus.
Ordne dazu die Satzgliederbezeichnungen Subjekt (S), Prädikat (P) und Objekt (O) zu.

Aktiv	*Passiv*
Ich vermenge alle Zutaten.	Alle Zutaten werden (von mir) vermengt.
S _____ ▭	S _____ _____ ▭ _____

b) Vergleiche Aktiv und Passiv und prüfe, wo im Passivsatz Subjekt, Prädikat und Objekt des
Aktivsatzes stehen. Halte deine Beobachtungen fest und schlage dann die Lösung nach.

Passivsatz: Aus dem Subjekt des Aktivsatzes wird ein _____ .

Das Subjekt des Aktivsatzes rückt im Passivsatz _____ *und könnte auch*

_____ *werden.*

3 Formuliere die folgenden Aktivsätze in Passivsätze um oder umgekehrt. Schreibe in dein Heft.

Die Eier werden in die Schüssel geschlagen und gewürzt.
Das Gemisch wird in eine Pfanne mit Butter gegossen.
Ich brate die Eier so lange, bis sie stocken.
Die Rühreier werden mit Petersilie bestreut und heiß zu Brot serviert.

Tipp
Der **Handelnde** im Passivsatz kann erwähnt werden, wird aber meistens weggelassen, z. B.:
Der Müll wird (von Müllmännern) abgeholt.

> **Aktiv- und Passivformen**
>
> Mit den Formen von **Aktiv und Passiv** ist es möglich, ein Geschehen aus zwei verschiedenen Blickwinkeln wiederzugeben:
>
> Die **Aktivform** stellt den **Handelnden** in den Vordergrund des Satzes.
>
> Die **Passivform** stellt das **Geschehen** in den Mittelpunkt, ohne dass es wichtig ist zu sagen, **wer** handelt.
>
> So wird das **Passiv** gebildet:
> Personalform von **werden** + **Partizip II**, z. B.:
> *Der Braten **wird** eine ganze Stunde im Ofen **gelassen**.*

4 Setze die Verbformen aus der Randspalte ins Passiv und bilde verschiedene Zeitformen.

du hörst
ich entdecke
er zwingt

Präsens	Präteritum	Perfekt
du wirst gehört	*du wurdest*	*du bist*

Tipp
Willst du betonen, **wer** etwas getan hat: Nutze das **Aktiv**.
Willst du eher **das Geschehen** beschreiben, ohne dass es wichtig ist, den Handelnden zu nennen: Nutze das **Passiv**.

5 In welchen der folgenden Sätze verwendet man besser das Passiv? Markiere die betreffenden Sätze und formuliere sie ins Passiv um. Schreibe in dein Heft.

Eine Fischfangflotte fängt die Krabben täglich in der Nordsee. Sie zieht dazu die Fangnetze mit viel Motorkraft langsam durch den Schlick am Grund. Die Fischer sortieren noch an Bord die mitgefangenen Fische aus und werfen sie zurück ins Meer. Dann bringen sie den Fang noch lebend in Fischfabriken. In manchen Fabriken trennen dann hiesige Arbeiter die Tiere von ihrem Panzer. Öfter jedoch frieren sie die Krabben ein und verschiffen sie bis nach Afrika, wo billigere Arbeitskräfte sie enthäuten. So haben die Verantwortlichen des Krabbenfangs die schmackhaften Schalentiere schon länger herumkutschiert, als man erwartet.

Konjunktivformen verwenden

Heute gehe ich mit einem Bein auf der Bordsteinkante und mit dem anderen im Rinnstein.		drückt eine Möglichkeit aus
Ich habe nämlich sehr gute Laune.		gibt die Aussage eines anderen wieder
Man hat mir aber gesagt, dass sich das nicht gehöre.		benennt einen Vorgang, der tatsächlich geschieht oder geschehen ist
Ich würde natürlich normal gehen, wenn ich auf einen Polizisten träfe.		benennt einen Vorgang, der tatsächlich geschieht oder geschehen ist

1 a) Verbinde jeden Satz mit der dazu passenden Erklärung.

b) Prüfe alle Verbformen und rahme die Konjunktivformen ein.

> **Indikativ und Konjunktiv**
>
> Verbformen können die Art von Aussagen, z. B. Tatsachen oder Möglichkeiten, darstellen. Die **Aussageweise**, die man wählt, nennt man **Modus**.
>
> **Indikativ** (Wirklichkeitsform): Er benennt sichere Tatsachen, z. B.:
>
> *Sie wohnt in New York. Sie sagt: „Ich gehe heute aus.“*
>
> **Konjunktiv** (Möglichkeitsform): Er gibt Wünsche und Aussagen anderer wieder, z. B.:
>
> *Ach, hätte ich mehr Geld, ich würde in New York leben. Sie sagt, sie ginge heute aus.*

2 a) Mit dem Konjunktiv I kann man z. B. die Aussagen anderer wiedergeben. Unterstreiche im folgenden Text alle Verbformen.

Hamburg-Radio am Morgen

Neueste Meldung: Es gibt mal wieder Verkehrsprobleme in Hamburg. Ein Polizeisprecher teilt mit, ein Königspinguin blockiere durch aufgeregtes Hin- und Herwatscheln den Elbtunnel. Man könne ihn nicht überholen, daher entstände gerade ein Stau.

b) Rahme die beiden Verbformen ein, die nicht im Konjunktiv stehen.

c) Schreibe den Text um und forme die Aussagen des Polizeisprechers in direkte Rede um. Schreibe in dein Heft, z. B.:

Der Polizeisprecher teilt mit: „Ein Königspinguin ...“

> **Info**
>
> Den **Konjunktiv I** verwendet man vor allem in der indirekten Rede.
> So wird er gebildet:
>
> **Verbstamm + Konjunktiv- endung -e**, z. B.:
>
> *Er sagt, er habe Hunger.*

d) Forme die folgenden Äußerungen in indirekte Rede um.

Konjunktiv II

Den **Konjunktiv II** verwendet man, wenn man eine **Möglichkeit**, einen **Wunsch** oder einen **Zweifel** ausdrücken will. So wird er gebildet:

Verbstamm im Präteritum + Konjunktivendung -e. Bei unregelmäßigen Verben werden *a, o, u* im Wortstamm zu *ä, ö, ü*, z. B.: *er sah, er sähe; sie konnte, sie könnte; ich war, ich wäre*

Ist die Konjunktiv-II-Form ungebräuchlich oder unterscheidet sie sich nicht vom Indikativ, verwendet man die Umschreibung mit *würde*, z. B.:

*Sie sagten, sie (dächten) **würden** nicht an eine Beschwerde **denken**.*

3 a) Unterstreiche in den Sätzen die Konjunktiv-II-Formen.

Ich würde dir gerne helfen. ☐ Wunsch ☐ Zweifel ☐ Möglichkeit

Hättest du Zeit, würde es klappen. ☐ Wunsch ☐ Zweifel ☐ Möglichkeit

Er hätte in Notwehr gehandelt, hieß es. ☐ Wunsch ☐ Zweifel ☐ Möglichkeit

Wenn ich doch hellsehen könnte! ☐ Wunsch ☐ Zweifel ☐ Möglichkeit

Es wäre herrlich, jetzt Sommer zu haben. ☐ Wunsch ☐ Zweifel ☐ Möglichkeit

Ich könnte gleich einen Kuchen backen. ☐ Wunsch ☐ Zweifel ☐ Möglichkeit

b) Kreuze jeweils an, was durch die Verbform ausgedrückt werden soll.

Teste dich!

Mit Verben umgehen

1 a) Jemand erzählt eine Geschichte: Bilde jeweils die passende Personalform und das Partizip II und fülle die Lücken.

/9

„Clara _____ vorhin etwas Komisches _____ (passieren). Sie _____ die

Rathausstraße entlang _____ (spazieren). Dabei _____ sie eine Gruppe in

einem Hof _____ (entdecken). Alle Mitglieder _____ mit Leinen und

Netzen _____ (ausstatten) und standen vor einem Keller. Das _____

Clara _____ (verwundern) und sie _____

(beschließen), sie zu beobachten. Etwas später _____ eine Hälfte der Gruppe hinunter

in den Keller _____ (rennen), die anderen folgten einzeln. Clara _____

dann bei der Polizei _____ (anrufen) und erfahren, dass ein Waschbär aus

dem Zoo _____ _____ (entlaufen)."

b) Notiere die Zeitformen, die im Text eingesetzt werden.

/2

_____   _____

2 Bilde die fehlenden Stammformen der Verben und trage sie in die Tabelle ein.

/16

Infinitiv	Präteritum	Perfekt	Infinitiv	Präteritum	Perfekt
schreiben				rieb	
	klang				gesungen
schließen				goss	
		gesprungen	fahren		

3 Unterscheide zwischen *werden* (Futur) und *werden* (Passiv). Kreuze an.

/4

Wir werden gebracht. ☐ Futur ☐ Passiv   Du wirst sehen. ☐ Futur ☐ Passiv

Er wird fotografiert. ☐ Futur ☐ Passiv   Sie wird laufen. ☐ Futur ☐ Passiv

Sie werden gespielt haben. ☐ Futur ☐ Passiv   Ich werde gesehen. ☐ Futur ☐ Passiv

Wir werden es überstehen. ☐ Futur ☐ Passiv   Sie wird es erreichen. ☐ Futur ☐ Passiv

gesamt /31

Wiederholen und vertiefen

Mit Verben umgehen

1 Finde die passende Personalform im Präteritum.

Auch Kühe haben Träume. Die Kuh Yvonne aus dem österreichischen Innkreis zum Beispiel

_____ (träumen) wohl von der großen Freiheit. Sechs Jahre _____

(stehen) sie im Stall, _____ (geben) Milch, _____ (gebären) Kälbchen

und _____ (tun) auch sonst, was man von ihr _____ (erwarten).

Brav _____ (sein) die Kuh, doch dann _____ (kaufen) sie ein

bayerischer Bauer. Der _____ (stellen) sie auf eine Waldweide und da

_____ (sein) Yvonne plötzlich gar nicht mehr brav. Sie _____

(ausbüxen). Die Aussicht auf ein Leben im Wald _____ (verlocken) sie zu sehr.

Seither lebt sie in Freiheit.

2 a) Ordne die Verben aus Aufgabe 1 in ihrer Personalform im Präteritum richtig in die Tabelle ein.

unregelmäßige Verben		regelmäßige Verben	
	hat gestanden	sie träumte	

b) Ergänze in der rechten Spalte die Personalformen im Perfekt.

3 a) Im Wortgitter findest du neun Partizipien I. Markiere sie.

A K U L E S E N D F K N P Q U M R I E C H E N D V E L A C H E N D D G W I
K O P I E R E N D S T U V I B R I E R E N D J Z W F L I E G E N D T W E R O
T U T R E I T E N D L U G S P E I E N D K U M S U C H E N D I F P A U K R T

b) Bilde von jedem Partizip I das Partizip II und schreibe diese Form auf. Nutze dein Heft.

4 Achtung, hier passen die Verben nicht! Ersetze sie durch passendere.
Schreibe die neuen Sätze im Perfekt auf.

Sie kapierten die Hausaufgaben gar nicht.

_____

Tief gebeugt stolzierte er durch den Park.

_____

Gemächlich galoppierten wir den Strand hinunter.

_____

5 Ergänze in diesem Bericht die fehlenden Verben in der passenden Zeitform.

Er _____ (schaffen) eines der berühmtesten Gemälde der Welt: die Mona Lisa.

Man _____ (können) es heute im Louvre betrachten. Aber Leonardo _____

(sein) nicht nur Maler, sondern auch Bildhauer, Architekt, Erfinder und Naturforscher.

Er _____ (finden), dass alles _____ (zusammengehören):

5 die Wissenschaft, die Natur und die Kunst. Auf die Welt kam Leonardo vor 650 Jahren in dem

kleinen italienischen Dorf Vinci, daher auch sein Name: „da Vinci". Das _____

(bedeuten) „aus Vinci". Schon als kleiner Junge _____ (verblüffen) er die Leute

mit seinen Zeichnungen. Sein Vater _____ (schicken) ihn zum besten Maler des

Ortes in die Lehre. Es _____ (dauern) nicht lange, da _____ (malen)

10 Leonardo besser als sein Lehrer. Außerdem _____ (konstruieren) er Brücken,

Druckerpressen, Windmühlen und sogar Flugzeuge, die Vorbilder für heutige Technik

_____ (werden).

Übungen

Mit Adjektiven umgehen

Was kannst du schon?

~~traumhaft~~
unvergesslich
besten
bunt
spannend
atemberau-
bend
toll
gemütlich
riesig
beheizt
nächtlich
groß
interessant

Traumhafte **Reisen mit den** _____ **Freunden!**

In der _____ Natur der Alpen erwartet

euch ein _____ Freizeitprogramm:

_____ Sportturniere, _____ Reitausflüge

übers Land, _____ Wanderungen mit Fackeln,

_____ Partys in unserer Disko. Wir bieten ein _____

Sportgelände mit _____ Swimmingpool, einen

_____ Kletterturm, einen Computerraum und ein eigenes

Kino. Das ist doch wesentlich _____, als

mit den Eltern in den Urlaub zu fahren, oder? Dieser Urlaub wird

bestimmt ein _____ Erlebnis!

1 Lies die Anzeige eines Veranstalters für Jugendreisen. Überlege, wohin die Wörter aus der Randspalte passen könnten, und setze sie mit der richtigen Endung ein.

2 Betrachte deinen überarbeiteten Text und erkläre, wozu Adjektive hilfreich sind. Ergänze dazu den Merkkasten, nutze die Wörter aus der Randspalte.

steigern
klein
genauer
Eigenschaf-
ten
anschau-
licher
vor

Mit Adjektiven können _____ _von etwas oder jemandem_

_____ _und_ _____ _beschrieben werden._

Adjektive schreibt man _____. _Sie stehen meist_ _____ _dem Nomen._

Adjektive kann man _____, _z.B.: schön, schöner, am schönsten._

Hilfen
Grundform:
schön

Komparativ:
schöner

Superlativ:
am
schönsten

3 Ein Adjektiv in der obigen Anzeige steht im Superlativ. Schreibe es heraus und ergänze Grundform und Komparativ.

_____   _____   _____

Mit Adjektiven vergleichen

1 a) Im folgenden Text werden Adjektive zum Ausdruck von Vergleichen eingesetzt.
Trage die fett gesetzten Adjektive zusammen mit den dazugehörenden Artikeln bzw.
Vergleichswörtern in die jeweils richtige Stelle der Tabelle ein..

Es gibt **so viele** Jugendreisen **wie** Sand am blauen Meer. Aber welcher Anbieter ist **am besten**?
Sollte man einfach den aussuchen, der **preiswerter als** alle anderen ist? Aber wie ist es mit
der Qualität? Der **billigste** kann nicht ein **so breites** Freizeitprogramm anbieten **wie** ein
Anbieter in höheren Preisklassen. Aber die **teuerste** Reise muss auch nicht automatisch die
geeigneteste sein. Mir z. B. sind die Veranstalter, die Reisen für kleinere Gruppen anbieten,
lieber als diejenigen, die riesige Gruppen bilden, weil sie Personal sparen müssen.

Info

Farben, z. B.
rot, gelb, blau,
und **Formen**,
z. B. *rund,*
oval, viereckig,
steigert man
nicht.

b) Ergänze in der Tabelle alle fehlenden Formen. Schreibe die Vergleichswörter dazu und
markiere sie.

→ **Frage 3**

Wortarten

Grundform mit Vergleichswort	Komparativ mit Vergleichswort	Superlativ
so viele wie	mehr als	am
		am besten

Mit Adjektiven vergleichen

Mit **Komparativen** und **Superlativen** kann man Vergleiche anstellen.

Sind die Personen oder Dinge in einem Vergleich **gleich**, verwendet man die **Grundform**
des Adjektivs mit den Vergleichswörtern **so … wie**, z. B.:

Mein Bruder ist **so groß wie** *ich. Meine Schwester ist* **so alt wie** *ich.*

Sind die Personen oder Dinge in einem Vergleich **unterschiedlich**, verwendet man
den **Komparativ** mit dem Vergleichswort **als**, z. B.:

Mein Bruder ist kleiner **als** *ich. Meine Schwester ist älter* **als** *ich.*

Teste dich!

Mit Adjektiven umgehen

/12 **1** Setze im folgenden Text die Adjektive in der richtigen Form ein.

Berlin ist eine _____ (wundervoll) Hauptstadt.

Gründe für einen Besuch gibt es viele – und Anlässe mehr als genug!

In der _____ (fußgängerfreundlich) Innenstadt entdecken Sie die

_____ (schön) Seiten der Stadt: die _____ (modern) Bauwerke und

5 die vielen _____ (historisch) Plätze, die _____ (groß) Vielfalt an

Sehenswürdigkeiten, das _____ (süß) Leben in den Cafés und die _____

(fantastisch) Auswahl der _____ (schön) Geschäfte – das _____ (wahr)

Einkaufsglück!

Berlin ist eine sehr _____ (gastfreundlich) Stadt: Sie sind stets

10 willkommen in der vor Lebensfreude und Aktivität _____ (sprudelnd) Stadt

Berlin. Testen Sie es selbst. Berlin freut sich auf Sie!

/8 **2** Setze in die Lücken die passenden Adjektive ein. Beachte die richtige Steigerungsstufe.

a) Die Cheopspyramide in Ägypten ist 147 m _hoch_. Sie wurde etwa 2580 v. Chr. gebaut.

Der Eiffelturm in Paris ist _____, nämlich 301 m. _____ ist der

Fernsehturm in Toronto/Kanada. Er misst 553 m.

b) Der Staat Liechtenstein ist mit 160 km² klein. Das Fürstentum Monaco ist

noch _____ . Es hat nur 1,9 km². Die Vatikanstadt ist mit 0,44 km² der

_____ Staat der Erde.

c) Die USA haben sehr _____ Einwohner: 248.710.000 Menschen. Noch _____

Menschen leben in Indien: 846.931.000. Am _____ Einwohner hat China:

1.158.200.000.

d) Die (alt) _____ Monarchie der Welt ist die japanische Monarchie.

Der erste Kaiser Jimmu soll zwischen 40 und 10 v. Chr. gelebt haben.

gesamt /20

Wiederholen und vertiefen

Mit Adjektiven umgehen

1 Benutze die richtigen Vergleichswörter und fülle die Lücken im Text.

Der Urlaub in einem Hotel kann so preiswert sein _____ ein Urlaub auf einem Camping-

platz mit einem Wohnmobil. Er ist jedoch teurer _____ der Aufenthalt in einem Zelt.

Der Urlaub auf den Malediven ist selbstverständlich sehr viel teurer _____ im Bayerischen

Wald, jedoch nicht viel teurer _____ eine Weltreise. Ein Urlaub in heimatlichen Gefilden

ist billiger _____ der Aufenthalt im Ausland. Den meisten allerdings bereitet ein Aufent-

halt außerhalb der eigenen vier Wände mehr Spaß _____ der „Urlaub auf Balkonien".

2 Nenne deine Favoriten. Setze die grammatikalisch richtige Form ein.

a) Der/Die (gut) _____ Schauspieler/in ist _____ .

b) Der (spannend) _____ Film ist

_____ .

c) Die Sportart, bei der man (mutig) _____ sein muss, ist

_____ .

d) Der/ Die _____ (interessant) Schauspieler/in ist

_____ .

e) Die/Der (schön) _____ Frau/Mann ist

_____ .

f) Der/Die (berühmt) _____ Sänger/in ist

_____ .

g) Am (lecker) _____ finde ich diese Gerichte:

_____ .

h) Die (wichtig) _____ Person in meinem Leben ist

_____ .

> **Tipp**
> Es geht um Favoriten, also musst du den **Superlativ** verwenden.

Übungen

Mit Präpositionen umgehen

Was kannst du schon?

1 a) Wie viele Paparazzi findest du auf dem Bild? Umkreise alle und beschreibe, wo sie sich befinden. Verwende dazu Präpositionen aus der Randspalte.

Ein Paparazzo schwimmt im Wasser.

_____

_____

_____

_____

_____

_____

b) Welcher Kasus (Fall) folgt den Präpositionen in allen deinen Sätzen? Schreibe auf.

_____

Die Präposition

Präpositionen sind **Verhältniswörter**. Sie drücken im Satz ein bestimmtes Verhältnis aus, z. B. ein räumliches oder ein zeitliches, z. B.:

*Ein Mann versteckt sich **zwischen** den Felsen. Er kam **um** acht Uhr nach Hause.*

Nach einer Präpositionen folgt ein bestimmter Kasus.

Die richtigen Präpositionen verwenden

1 a) Setze die fehlenden Präpositionen aus der Randspalte ein.

Fährst du _____ mir in den Urlaub?

Hast du heute _____ dem Skikurs

schon etwas vor?

Wir fahren _____ zwei Stunden Ski.

Wir sehen uns _____ verabredeten Zeit!

Komm gut _____ den hohen Schnee!

_____ den Fall, dass ich nicht komme,

fahre ruhig schon los!

Aber brettere nicht _____ einen Baum!

Mach dir keine Sorgen _____ mich, ich

schaffe das schon!

Ich fahre sowieso nicht _____ dich los!

Ich werde gleich _____ dir sein!

nach
zur (zu der)
durch
seit
mit
für
ohne
um
bei
gegen

b) Frage nach dem Kasus, der auf die jeweilige Präposition folgt. Trage dann die Präpositionen in die richtige Spalte der Tabelle ein und überprüfe mit der Lösung.

Info

Frage nach dem **Dativ**: *Wem?*

Frage nach dem **Akkusativ:** *Wen oder was?*

Präpositionen, auf die der Dativ folgt	Präpositionen, auf die der Akkusativ folgt
mit,	

Die Wechselpräpositionen

Manche Präpositionen verlangen entweder den **Dativ** oder den **Akkusativ**, je nachdem, ob die Präposition auf einen **Ort (Wo?)** oder eine **Richtung (Wohin?)** verweist.

Wechselpräpositionen sind: *an, auf, hinter, in, neben, über, unter, vor, zwischen*

- **Wo?** = Dativ, wenn auf einen **Ort** verwiesen wird, z. B.: *Er steht **auf dem Surfbrett**.*
- **Wohin?** = Akkusativ, wenn auf die **Richtung** verwiesen wird, z. B.: *Er steigt **auf das Surfbrett**.*

2 Setze die passenden Verben und Wechselpräpositionen ein.

Normalerweise _____ man das Surfbrett _____ die Wand. Bei Philipp

_____ es _____ dem Boden. Normalerweise _____ man sich _____

den Tisch, Jochen _____ _____ dem Tisch. Normalerweise _____

man den Schlitten im Sommer _____ den Keller. Bei Alexander _____ der

Schlitten _____ Hobbykeller.

stehen
setzen
stellen
hängen

Teste dich!

Mit Präpositionen umgehen

/6

1 a) Hier geht es um Wechselpräpositionen. Setze die jeweils richtige mitsamt Artikel ein.

Wir fahren _____ _____ Nordsee.		☐ Dativ	☐ Akkusativ
Die Insel Borkum liegt _____ _____ Nordsee.		☐ Dativ	☐ Akkusativ
Das Snowboard hängt _____ _____ Wand.		☐ Dativ	☐ Akkusativ
Ich hänge das Surfbrett _____ _____ Wand.		☐ Dativ	☐ Akkusativ
Ich stelle den Koffer _____ _____ Taxi.		☐ Dativ	☐ Akkusativ
Der Koffer steht _____ _____ Taxi.		☐ Dativ	☐ Akkusativ
Kira, der Hund, springt _____ _____ Düne.		☐ Dativ	☐ Akkusativ
Kira sitzt _____ _____ Düne.		☐ Dativ	☐ Akkusativ
Stellen Sie das Gepäck _____ _____ Haus!		☐ Dativ	☐ Akkusativ
Auch _____ Haus ist genug Platz.		☐ Dativ	☐ Akkusativ
Er geht _____ _____ Tür.		☐ Dativ	☐ Akkusativ
Er steht _____ _____ Tür.		☐ Dativ	☐ Akkusativ

/6

b) Kreuze für jeden Satz an, welcher Fall auf die jeweilige Präposition folgt.

/13

2 a) Lies den Text und trage passende Präpositionen ein.

Das Wellenreiten ist Namensgeber und bekannteste Form des Surfens und stammt _____

den Inseln Hawaiis. Es meint aufrecht stehendes Surfen _____ einem Surfbrett, meist

_____ Ozeanwellen oder seltener _____ stehenden Wellen. Das Wellenreiten ist nicht nur

_____ Hawaii, _____ Kalifornien oder _____ den Stränden Australiens zu finden.

Auch _____ Europa gibt es zahlreiche Strände, die sich gut _____ Surfen eignen. Kite-

surfen oder auch Kiteboarden ist ein junger Trendsport. Die Anzahl der Kitesurfer hat _____

den letzten Jahren rapide zugenommen, _____ viele scheint dieser Wassersport leichter

erlernbar zu sein als z. B. Windsurfen. Windsurfen ist _____ dem Wellenreiten entstanden.

/1

Üblicherweise gleiten Surfbretter mit 30 bis 45 Kilometer pro Stunde _____ das Wasser.

gesamt /26

b) An einer Stelle sind Präposition und Artikel verschmolzen. Unterstreiche sie.

38

Wiederholen und vertiefen

Mit Präpositionen umgehen

→ Frage 6
Wortarten

1 a) Suche aus dem folgenden Text alle Präpositionen heraus und umkreise sie.

Geschichte der Schneeschuhe

Um sicher über _____ (Eis und Schnee) zu kommen, gibt es

schon seit _____ (langer Zeit) eine sinnvolle Erfindung:

den Schneeschuh! Von _____ (wer) er erfunden wurde, ist unbekannt, ebenso, seit

_____ (wie viele Jahre) er schon den Menschen hilft.

Der griechische Historiker und Philosoph Strabon schrieb im _____

_____ (erste Jahrhundert) vor Christus, dass die Einwohner des

Kaukasus-Gebiets flache Lederflächen benutzten, um im Winter nicht in

_____ (Schneestürme) zu versinken, und dass Armenier

auf _____ (runde Holzflächen) liefen.

b) Prüfe, welcher Fall der jeweiligen Präposition folgen muss, und formuliere die in Klammern stehenden Wörter, wenn nötig, entsprechend um.

2 Lies den Text weiter. An manchen Stellen sollten die Präpositionen besser mit den Artikeln verschmolzen werden. Prüfe die markierten Präpositionen und rahme deine Wahl ein.

Fast jeder Stamm Amerikas erfand eine eigene Art von Schneeschuh, um sich ==in dem / im== Winter fortbewegen zu können. Die einfachsten und primitivsten wurden ==in dem / im== hohen Norden erfunden. ==Zu dem / Zum== Süden hin werden die Schneeschuhe schmaler und länger; die längsten finden sich ==bei dem / beim== Indianervolk der Cree, sie sind fast zwei Meter lang. Das wurde durch präzises Messen festgestellt. Der normale Schneeschuh ähnelt einem Tennis-schläger. ==In das / Ins== ferne Europa kamen die Schneeschuhe nur sehr langsam.

Info
Präpositionen können mit einem Artikel verschmelzen, z. B:

an dem > am

bei dem > beim

in das > ins

durch das > durchs

zu dem > zum

zu der > zur

Übungen

Mit Satzgliedern umgehen

Was kannst du schon?

Probe 1 ←

Umstellprobe

1 a) Mit Hilfe der Umstellprobe kannst du herausfinden, welche Satzglieder die folgenden Sätze enthalten. Rahme sie ein wie in den ersten beiden Sätzen gezeigt.

1. Der US-Autor Mark Twain erfand die Helden Tom und Huck.

2. Ihre Abenteuer lesen noch heute viele Kinder und Erwachsene.

3. Mit 20 Jahren arbeitete Mark Twain auf einem Schiff.

4. Sein Schriftstellername entstammt der Sprache der Seeleute.

5. Lebendig beschreibt der Autor dem Leser die Erlebnisse der beiden Jungen.

b) Markiere in jedem Satz das Subjekt rot und das Prädikat gelb.

Fragen ←

Satzglieder

c) Stelle Fragen nach den übrigen Satzgliedern und trage sie jeweils richtig ein.

Dativ-Objekt Frage: *Wem?*	Akkusativ-Objekt Frage: *Wen oder was?*	Adverbialbestimmung Fragen: *Wo? Wohin? Wie? Wann? Wie lange?*

d) Stelle die Satzglieder um und schreibe jeden Satz einmal neu auf.

_____

_____

_____

_____

_____

_____

Satzglieder ersetzen

1 Etwas zum Knobeln! Versuche herauszubekommen, was hier passiert ist.

Tom und Huck gehen nachts auf den Friedhof. Dabei beobachten sie einen Mord.
Plötzlich kommen sie: Er öffnet mit ihm es. Sie legen ihn darauf. Er verlangt mehr von ihm.
Dabei ersticht er ihn damit.

a) Ersetze die markierten Satzglieder durch die Informationen aus dem Notizbuch.
Arbeite im Heft, beginne so:

Plötzlich kommen drei Männer. Indianer Joe öffnet mit dem Landstreicher …

b) Überprüfe, welches Satzglied du in deinem Text nicht ersetzen musstest. Ergänze.

Fehlt in einem Satz das _____, dann wird die Satzaussage unverständlich.

2 a) Tom berichtet von dem Mord. Ergänze seinen Bericht mit den Prädikaten aus der Randspalte.

→ **Frage 2**

Satzglieder

b) Wie kannst du das Prädikat erfragen? Schreibe die geeignete Frage auf die Leerzeile.

Tom: Gesten Nacht *trafen* sich drei Männer auf dem Friedhof.

Was machten die Männer gestern Nacht auf dem Friedhof?

Tom: Sie _____ ein Grab und _____ den Leichnam.

_____ ?

Tom: Plötzlich _____ der Indianer ein Messer.

_____ ?

Tom: Damit _____ er den Doktor.

_____ ?

trafen
öffreten
stahlen
zog
erstach

Das mehrteilige Prädikat erfragen

1 a) Ergänze das Gespräch, indem du ein passendes Verb aus der Randspalte auswählst und einträgst. Achte auf die grammatikalisch richtige Form.

bespitzeln
heißen
kennen
verraten
nennen
zittern
verhaften
entwenden

Tom und Huck erzählen den Vorfall am Friedhof Toms Freundin Becky.

Tom: „Gestern haben wir zufällig auf dem Friedhof drei Männer _____ ."

Becky: „ _____ ihr sie?"

Huck: „Ja. Joe wird der Indianer _____ . Vor ihm _____ die

Dorfbewohner."

Tom: „Der Landstreicher _____ Muff Potter. Ihm hatte Joe das Messer

_____ ."

Becky: „Muff wird sicher von der Polizei _____ . _____

niemandem euer Geheimnis!"

b) Unterstreiche in jedem Satz das vollständige Prädikat. Notiere kurz, was dir dabei auffällt.

_____

c) Trage alle Prädikate in die folgende Tabelle ein.

einteilige Prädikate	zweiteilige Prädikate

Das Prädikat

Das **Prädikat** (Satzausage) spielt die Hauptrolle im Satz. Es antwortet auf die Fragen: **Was tut** (jemand)**? Was geschieht?**

Zum Prädikat gehört immer eine **finite** (gebeugte) Verbform.

Meist sind Prädikate **einteilig oder zweiteilig**, z. B.:
*Die Dorfbewohner **zittern** vor Indianer Joe. Joe **hatte** Muff das Messer **entwendet**.*

Objekte erfragen

1 a) Die markierten Satzglieder sind Objekte. Trage sie entsprechend in die Tabelle ein.

→ **Frage 3, 4**

Satzglieder

Im Gericht bricht Tom ==sein Schweigen== und rettet ==Muff Potter== ==das Leben==. Damit entgeht Muff ==dem Galgen==. Jetzt fürchtet Tom sich ==vor Joe==, der sich an ihm rächen wird. Bald darauf begegnen Tom und Huck ==dem gefährlichen Mann==. Als sie nach einem Schatz suchen, treffen sie auf Indianer Joe und einen Komplizen, die ==Geld== verstecken wollen. Dabei stoßen die Männer auf eine Truhe mit Münzen. Sie entwenden ==alle Goldstücke==. Tom verfolgt nun ==beide Verbrecher==.

Dativ-Objekt	Akkusativ-Objekt	Präpositional-Objekt	Frage nach dem Präpositional-Objekt
		vor Joe	Vor wem fürchtet sich Tom?
			An wem wird sich Joe rächen?
			Wonach suchen Tom und Huck?
			Auf wen treffen Tom und Huck?
			Auf was stoßen die Männer?

b) Im Text sind weitere Objekte zu finden, die mit einer Präposition verknüpft sind. Ermittle mit Hilfe der Fragen in der Tabelle diese Präpositional-Objekte und trage sie ein.

2 Verbinde die Verben mit der passenden Präposition und dem passenden Präpositional-Objekt.

sich fürchten	an	ein Gesicht
sich erinnern	auf	ein Hindernis
sich freuen	vor	ein Buch
achten	über	ein Geschenk
sich interessieren	an	dem Feuer
denken	für	ein Versprechen

Das Präpositional-Objekt

Objekte (Satzergänzungen) beantworten die Fragen **Wem? / Wen oder was?**
Objekte, die nur mit Hilfe einer **Präposition** erfragt werden können, nennt man **Präpositional-Objekte**. Das Verb fordert hierbei eine bestimmte Präposition, die nicht ersetzbar ist, z. B.:
*Er interessiert sich **für den Schatz**. **Wofür** interessiert er sich? → **für den Schatz***

Adverbialbestimmungen erfragen

1 a) Begründe, warum eine Verabredung so noch nicht stattfinden kann.

_____

_____

b) Schreibe den Brief in dein Heft ab und ergänze ihn mit den fehlenden Informationen aus der Randspalte. Unterstreiche die neuen Informationen, z. B.:

Liebste Becky, unser Treffen müssen wir <u>*auf Samstag*</u> *verschieben. Wir sehen uns …*

Randspalte (links):
- auf Samstag
- um Mitternacht
- vor dem Eingang der Höhle
- ruhig
- wegen Indianer Joe

Brief:
Liebste Becky, unser Treffen müssen wir … verschieben. Wir sehen uns … Warte auf mich und verhalte dich …! Wir dürfen … niemandem von unserem Plan erzählen. Dein Tom

2 a) Erfrage die Adverbialbestimmungen, die du in den Brief eingefügt hast. Schreibe passende Fragewörter und die Antworten in die Tabelle.

Hilfe
Auswahl an Fragewörtern:
Wie? Womit? Wodurch?
Wo? Woher? Wohin?
Wann? Wie lange? Seit wann? Bis wann?
Warum? Wieso? Weshalb?

Adverbialbestimmungen	Fragewörter	Beispiele (aus dem Text)
der Zeit *Temporaladverbiale*		
des Ortes		
der Art und Wiese		
des Grundes		

b) Füge die Fachbegriffe aus der Randspalte richtig in die linke Spalte der Tabelle ein.

Randspalte:
- Temporaladverbiale
- Lokaladverbiale
- Modaladverbiale
- Kausaladverbiale

> **Die Adverbialbestimmungen (auch Adverbialien, Sg. das Adverbiale)**
>
> **Adverbialbestimmungen** (Umstandsangaben) geben die **näheren Umstände** eines Geschehens an, z. B.: *Indianer Joe schlich **nachts** umher.*
>
> Man kann sie durch **Fragen** näher bestimmen, z. B.:
>
> **Wann** schlich er umher? *nachts* → Adverbialbestimmung der Zeit

3 a) Bestimme die markierten Adverbialbestimmungen durch geeignete Fragen.
Schreibe jeweils Frage und Antwort auf.

Letzte Nacht (1) betraten Tom und Becky voller Spannung (2) die McDouglas-Höhle.
Sie irrten durch das riesige Höhlensystem (3), als sie unerwartet (4) auf Indianer Joe trafen,
der sie in der Dunkelheit (5) nicht erkannte. Aus Angst (6) hatte Tom zwar ein Messer
mitgenommen, doch er wollte es nur bei Lebensgefahr (7) verwenden.

1. Wann betraten Tom und Becky die Höhle?   letzte Nacht   ☐1

2. Wie betraten Tom und Becky die Höhle? ...   _____   ☐

3. _____   _____   ☐

_____   _____   ☐

_____   _____   ☐

_____   _____   ☐

_____   _____   ☐

| 1. Temporal-adverbiale |
| 2. Lokal-adverbiale |
| 3. Kausal-adverbiale |
| 4. Modal-adverbiale |

b) Prüfe, um welche Adverbialbestimmungen es sich jeweils handelt, und trage in die Kästchen
die entsprechende Nummer aus der Randspalte ein.

4 a) Unterstreiche in diesem Text alle Adverbialbestimmungen.

Tom und Becky fanden nach langem Suchen einen Weg ins Freie. Richter Thatcher ließ aus
Sorge vor weiteren Unglücken den Eingang verschließen. Später wird der Verbrecher Joe tot in
der Höhle gefunden. Verzweifelt hatte er versucht, die Tür zu öffnen. Aber er hatte es nicht
geschafft und war kläglich verhungert. Tom hatte auch den Schatz entdeckt, den Indianer Joe
in der Höhle versteckt hatte. Tom und Huck teilten ihn gerecht. Hätte Indianer Joe überlebt,
wäre er hart bestraft worden. Nach diesem gefährlichen Abenteuer wurde Huck von einer Witwe
adoptiert. Aber er lebt lieber frei und ungebunden und flieht.

Tipp
Es sind insgesamt 12 Adverbialbestimmungen.

b) Kennzeichne die Adverbialbestimmungen nach folgendem Farbschema.

Adverbialbestimmung der Zeit (rot), des Ortes (blau), der Art und Weise (grün)
des Grundes (gelb)

Das Attribut als Satzgliedteil erkennen

1 Fülle die Lücken im Text mit passenden Attributen aus der Randspalte.

Tom prügelt sich mit einem Jungen. Zur Strafe muss er Tante Pollys Gartenzaun anstreichen.

In diesem _____ Augenblick durchfuhr Tom eine

_____ Eingebung. Da kam Ben Rogers und sagte: „Du steckst in der

Patsche, was?" Tom antwortete nicht. Er begutachtete mit dem _____

Blick _____ seinen Anstrich.

5 Sein Pinsel fuhr mit _____ Schwung über die _____

Holzlatten _____ . „Macht es dir etwa Spaß?", stichelte Ben.

Tom pinselte mit _____ Eleganz hin und her. Ben bettelte: „Lass mich

auch einmal streichen." Doch Tom meinte: „Tante Polly nimmt es sehr genau. Kaum einer

_____ ist im Stande, es so zu machen, wie es sich

10 gehört – vielleicht nicht einmal einer von zweitausend. Jetzt bot Ben sogar seinen Apfel Tom an,

damit dieser ihn _____ Zaun streichen ließ.

Randspalte:
- Tante Pollys
- schmalen
- des Künstlers
- durch- dringenden
- leichtem
- fabelhafte
- hoffnungs- losen
- von tausend Jungen
- des Garten- zauns
- behutsamer

Frage 10 ←

Wortarten

2 a) Unterstreiche in den folgenden Sätzen alle Attribute.

b) Zeige durch einen Pfeil, auf welches Nomen das Attribut sich jeweils bezieht. Kreuze an, ob es sich um ein vorangestelltes (1) oder ein nachgestelltes (2) Attribut handelt, z. B.:

Er begutachtete seinen Anstrich mit einem durchdringenden Blick.   ☒ 1   ☐ 2

Tom streicht die Holzlatten des Gartenzauns.   ☐ 1   ☐ 2

Kaum einer von seinen Freunden beneidete Tom.   ☐ 1   ☐ 2

Tom hatte eine fabelhafte Idee.   ☐ 1   ☐ 2

Tipp
Es sind zwei!

3 Prüfe den Text von Aufgabe 1. Kreise die Bezugswörter ein, zu denen zwei Attribute gehören.

> **Das Attribut**
>
> **Attribute** sind **Beifügungen zu einem Bezugswort**, das sie treffender bzw. genauer beschreiben. Sie können **vor** oder **nach** dem Bezugswort stehen, z. B.:
>
> der **grüngestrichene** Zaun; ein Schuh **mit vielen Löchern**
>
> Zu einem Bezugswort können mehrere Attribute gehören, z. B.:
>
> der **grüngestrichene** Zaun **mit vielen Löchern**

4 Attribute treten in unterschiedlichen Formen auf. Überlege, in welche Spalte der Tabelle die unterstrichenen Beispiele im Text gehören, und trage sie mit dem Bezugswort ein.

→ **Frage 10**
Satzglieder

Toms Verhalten weckte nicht nur die Neugier zahlreicher Jungen, sondern steigerte auch seinen Reichtum. Billy Fisher bot einen gut erhaltenen Drachen an, um Tante Pollys Zaun zu streichen. Jonny Miller überließ Tom eine tote Ratte samt einer Schnur, mit der man diese herumschwingen konnte.

als Adjektive	als Nomen mit Präposition	als Nomen im Genitiv
		Toms Verhalten

5 Unterstreiche im folgenden Text alle Attribute. Kennzeiche sie mit den Farben des Tabellenkopfes von Aufgabe 4.

Am Ende des Tages besaß Tom zwölf Murmeln, ein Stück von einer Mundharmonika, einen Scherben blaues Flaschenglas, einen Glasstöpsel von einer Karaffe, ein einäugiges Kätzchen, einen Türgriff aus Messing und einen verrotteten alten Fensterrahmen. Tom hatte die ganze Zeit gefaulenzt und eine Menge Gesellschaft gehabt – und den Zaun bedeckte eine dreifache Schicht Farbe!

6 a) Stelle die Satzglieder um und schreibe die Sätze neu auf. Prüfe, was mit den Attributen passiert.

→ **Probe 1**
Umstellprobe

Toms Verhalten weckte die Neugier zahlreicher Jungen.

_____

Billy Fisher bot einen gut erhaltenen Drachen an.

_____

b) Vervollständige die Regel und überprüfe mit der Lösung.

> *Attribute sind Teile eines* _____ *und lassen sich nur*
>
> _____ *umstellen. Sie treten in unterschiedlichen Formen auf, z.B.:*
>
> als **Adjektiv**: *zahlreiche Jungen, ein einäugiges Kätzchen*
> als **Nomen im Genitiv**: *Toms Verhalten, am Ende des Tages*
> als **Nomen mit Präposition**: *ein Stück von einer Mundharmonika*

Teste dich!

Mit Satzgliedern umgehen

/18

1 Rahme in den folgenden beiden Sätzen alle Satzglieder ein und bestimme sie, indem du die entsprechende Bezeichnung darunter schreibst.

A Ein paar Jahre später schrieb der US-Autor Mark Twain

_____

eine Fortsetzung der Abenteuergeschichten.

_____

B Alltagssprache und kraftvolle Worte hatten dem Roman

_____

einen lebendigen Stil verliehen.

_____

/6

/6

2 a) In jedem der folgenden sechs Sätze findet sich eine Adverbialbestimmung. Unterstreiche sie.

b) Notiere auf die entsprechenden Leerzeilen, um welche es sich jeweils handelt.

(1) Mark Twains Roman spielt in Amerika. (2) Aus Angst vor Indianer Joe stiehlt Tom mit seinem Freund Huckleberry Finn ein Floß und flieht. (3) Die Bewohner von St. Petersburg glauben, Tom und Huck seien wegen ihres Leichtsinns ertrunken. (4) Als die Freunde nach Tagen zurückkehren, platzen sie in ihre eigene Trauerfeier. (5) Mit Tränen in den Augen schließt die alte Dame die Jungen in die Arme. (6) Aus Erleichterung fangen alle an zu singen.

(1) _____   (2) _____

(3) _____   (4) _____

(5) _____   (6) _____

(Zu Aufg. 3)
berühmte

über brave Kinder

der Jugend-literatur

erwachsene

des Tom Sawyer

von Alltags-sprache und kraftvollen Worten

/6

3 Setze die Attribute aus der Randspalte sinnvoll in den Text ein.

Mark Twain schrieb 1876 „Die Abenteuer _____ ".

Dieser _____ Roman zählt zu den Klassikern _____

_____ , er spricht aber auch das _____ Leserherz an.

gesamt
/36

Durch die Verwendung _____

stellte er ein Gegenkonzept zu den Kinderbüchern _____ dar.

48

Wiederholen und vertiefen

Mit Satzgliedern umgehen

→ **Fragen**

Satzglieder

1 a) Kreise die Prädikate ein, unterstreiche die Subjekte einfach und die Objekte doppelt.

Tom kommt nach einer Prügelei heim. Zur Strafe muss er den Gartenzaun streichen. Sobald ein Junge vorübergeht, erklärt Tom ihm: „Tante Polly hat mich ausgewählt zu streichen." Tom macht damit die Arbeit für die Jungen schmackhaft. Am Abend ist der Zaun vollständig gestrichen.

b) Sortiere die Objekte in die Tabelle ein.

Akkusativ-Objekt	Dativ-Objekt	Präpositional-Objekt

2 Beschreibe möglichst genau die abgebildete Situation. Nutze die Hilfen und beginne so:

Tom streicht den langen, rostigen Zaun mit weißer Farbe. Er trägt eine ...

_____

_____

_____

_____

_____

_____

Hilfe 1	**Hilfe 2**
Adverbialbestimmungen	**Attribute**
(Ben schaut) neugierig	langer, rostiger (Zaun)
(Tom streicht) konzentriert	weiße (Farbe)
(Ben hält) in der Hand eine Schnur	Tom: gestreifte (Hose) mit Hosenträgern
(Katze sitzt) am rechten Fuß	kurze, blonde (Haare)
(Ben läuft) barfuß	Ben: blaue (Hose), mit zwei Flicken
(Farbeimer steht) neben Tom	langes, braun gestreiftes (Hemd)
(weiße Flecken) in Toms Gesicht	braune (Haare)

Frage 1,2 ←

Satzglieder

3 a) Prüfe, warum der folgende Text so eintönig klingt. Unterstreiche dazu in jedem Satz Subjekt und Prädikat und notiere anschließend dein Ergebnis.

Samuel Langhorne Clemens war ein amerikanischer Schriftsteller. Er ist unter seinem Pseudonym Mark Twain besser bekannt. Er verbrachte Kindheit und Jugend in einer Stadt am Mississippi. Er reiste später als Journalist und schrieb Reiseberichte. Er verbrachte in New York viele Abende in der Bibliothek. Er verbesserte dort seine mangelhafte Allgemeinbildung. Er besuchte Europa und schrieb über seine Eindrücke ein Buch. Er schilderte darin humorvoll die Eigenheiten der deutschen Sprache.

Der Text klingt eintönig, weil _____

Probe 1 ←

Umstellprobe

b) Verbessere den Text. Schreibe ihn dazu ab. Stelle in einigen Sätzen Satzglieder um, z. B.:

Samuel Langhorne Clemens war ein amerikanischer Schriftsteller. Besser bekannt …

_____

_____

_____

_____

_____

_____

_____

4 Forme den jeweils zweiten Satz zu einem Attribut des ersten Satzes um, z. B.:

Die Streiche lesen auch Erwachsene. Sie handeln von dem Waisenjungen Tom Sawyer.

Die Streiche des Waisenjungen Tom Sawyer lesen auch Erwachsene.

Tom verlässt nach einer Prügelei die Stadt. Er hat sich mit einem Jungen geprügelt.

_____

Tom soll den Zaun streichen. Er gehört Tante Polly.

_____

Die Jungen werden von Tom zuerst ignoriert. Die Jungen kommen (bei Tom) vorbei.

_____

Tom weckt mit einer List die Neugier. Die Jungen sind neugierig.

_____

Übungen

Sätze unterscheiden

Was kannst du schon?

1 a) Wie viele Hauptsätze findest du? Unterstreiche alle und kreuze an.

☐ 1   ☐ 3   ☐ 5   ☐ 7

Früher setzten sich die Fußballerinnen Mützen auf, denn so schmerzte der Kopfball weniger. Fußball galt als unanständig und gesundheitsschädlich, sodass man den Spaß mit dem Ball für Frauen lange Zeit verbot. Auch der Deutsche Fußballbund (DFB) lehnte den Frauenfußball ab, aber die Damen kickten in privaten Vereinen. 1989 fand die erste Europameisterschaft der Frauen statt, die die deutsche Frauenauswahl gewann. Die Siegerinnen erhielten als Prämie Kaffeetassen mit Untertassen.

Tipp
Wende die **Checkliste für einen Hauptsatz** auf der Seite 8 an.

b) Zwei Nebensätze bleiben „übrig". Woran kannst du sie erkennen? Kreuze an.

☐ an der Endstellung des Prädikats   ☐ an den einleitenden Konjunktionen   ☐ am Inhalt

2 Was gehört zur Satzreihe, was zum Satzgefüge? Male die Bälle in den passenden Farben aus.

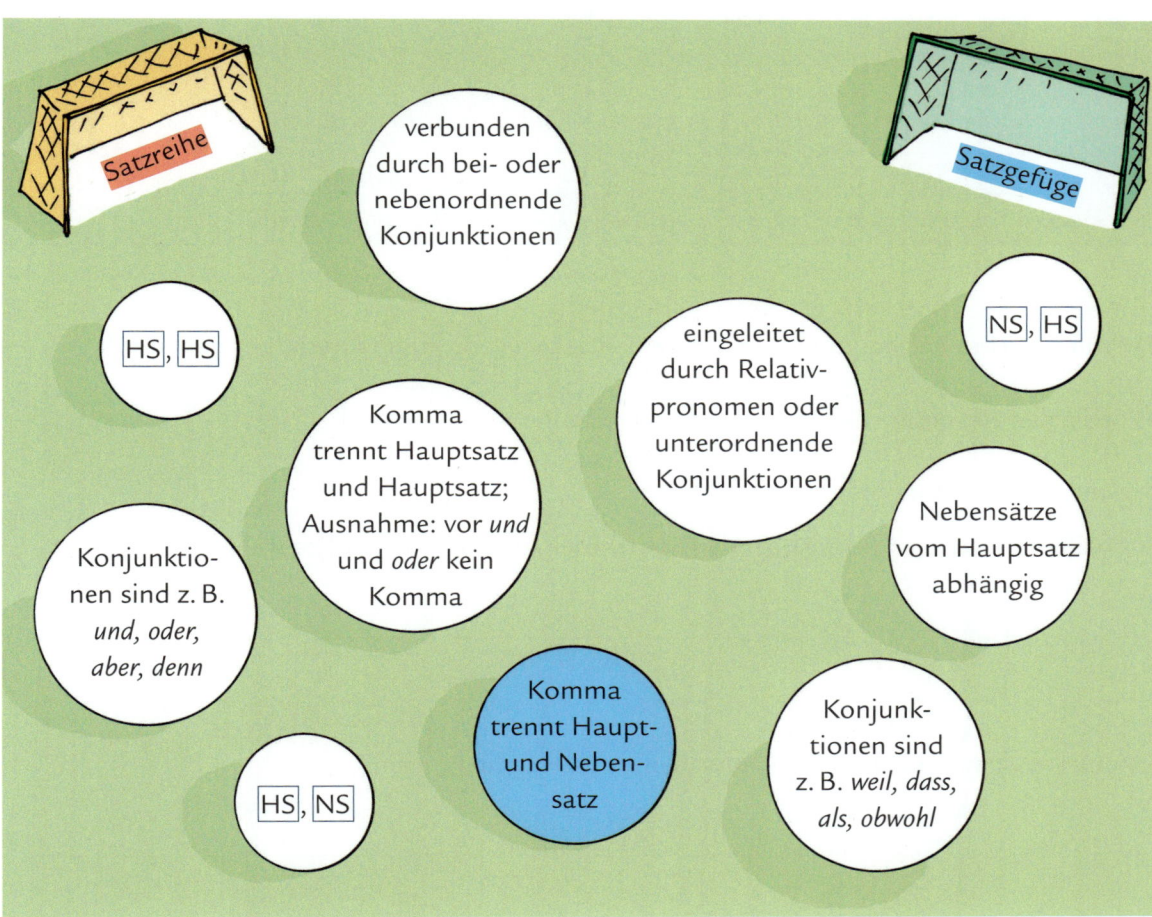

HS = Hauptsatz
NS = Nebensatz

Positionen der Nebensätze unterscheiden

1 Verbinde Haupt- und Nebensatz zu sinnvollen Satzgefügen und setzte Kommas.

Hauptsatz   **Nebensatz**

Das Fußballspielen war für Damen verboten	da dieser als geeigneter angesehen wurde.
Die Damen kickten in privaten Vereinen	damit sie sich nicht verletzen.
Zuerst führte der DFB besondere Regeln ein	um die Kondition der Frauen zu schonen.
Die Spielzeit wurde verkürzt	nachdem er 1970 das Fußballspielen erlaubt hatte.
Die Frauen erhielten den kleineren Jugendball	weil es als unanständig und gesundheitsschädlich galt.
Auch durften die Frauen keine groben Stollenschuhe tragen	obwohl der DFB den Frauenfußball verbot.

Position des Nebensatzes

Der **Nebensatz** kann im Satzgefüge **unterschiedliche Positionen** einnehmen:

HS	,	NS

Die Fußballspielerinnen setzten sich Mützen auf, damit der Kopfball nicht so weh tat.

NS	,	HS

Damit der Kopfball nicht so weh tat, setzten sich die Fußballspielerinnen Mützen auf.

HS (1. Teil)	,	NS	,	HS (2. Teil)

Die Fußballspielerinnen setzten sich, damit der Kopfball nicht so weh tat, Mützen auf.

---

2 a) Prüfe, welches Satzbaumuster in den beiden Sätzen vorliegt, und notiere es dahinter.

b) Stelle den Nebensatz zweimal um und schreibe ihn jeweils neu auf.

England im 19. Jahrhundert.

Fußballerinnen trugen Röcke über den Sporthosen, um den Anstand zu wahren. _____

_____

_____

Sie mussten, damit sie weiblicher aussahen, auch Hütchen tragen. _____

_____

_____

Info

Steht der Nebensatz an 1. Stelle, rückt im Hauptsatz das Prädikat an die **1. Stelle**.

Wird der Nebensatz in einen Hauptsatz eingefügt, muss er durch **zwei Kommas** abgetrennt werden.

Hauptsätze mit Konjunktionen verbinden

1 Verbinde die Hauptsätze zu Satzreihen und schreibe sie auf. Wähle dazu eine passende
Konjunktion aus der Randspalte aus und entscheide, ob du ein Komma setzen musst.

Der 15. Geburtstag eines Mädchens ist in Lateinamerika ein wichtiger Tag. Er wird ausgiebig
gefeiert.

_____

_____

Das Fest kostet oft ein Vermögen. Auch ärmere Eltern geben Geld für ein Abendkleid,
einen Fotografen, Galadiner, DJ und Feuerwerk aus.

_____

_____

Die Mädchen freuen sich auf diesen Geburtstag. Sie werden damit zu jungen Damen.

_____

_____

2 Bilde Satzreihen, die drei Hauptsätze enthalten. Verwende in jeder Satzreihe je eine der
Konjunktionen aus der Randspalte. Schreibe in dein Heft, z. B.:

Die mexikanischen Mädchen erwarten ihren 15. Geburtstag mit Spannung, an diesem Tag werden sie

erwachsen, deshalb organisieren die Eltern ein riesiges Fest.

die Mädchen eines afrikanischen Stammes graben Felder um	die Jungen hüten das Vieh
die mexikanischen Mädchen erwarten ihren 15. Geburtstag mit Spannung	an diesem Tag werden sie erwachsen
die Eltern organisieren ein riesiges Fest	einige Jungen bevorzugen eine Krone
zum Lucia-Fest tragen die schwedischen Mädchen eine Krone mit Kerzen auf dem Kopf	die älteren Jugendlichen helfen beim Hüttenbau
in Indien sind Zahlungen an die Eltern des Bräutigams verboten	von der Braut wird ein teures Hochzeitsfest mit zahlreichen Geschenken erwartet
die Jungen gehen als Sternenbuben mit einem Papphut	dies schreibt das Gesetz vor

Info

Satzreihe

Wenn ein **Hauptsatz mit einem Hauptsatz verbunden** wird, entsteht eine **Satzreihe**.

und

aber

denn

und

aber

trotzdem

deshalb

Tipp

Du musst nur den dritten Hauptsatz mit der Konjunktion anschließen.

Hauptsätze mit Adverbien verbinden

1 a) Verbinde die Hauptsätze zu sinnvollen Satzreihen. Unterstreiche die Adverbien.

<table>
<tr>
<td>Der 15. Geburtstag ist für Mädchen in Mexiko ein wichtiges Datum,</td>
<td>deswegen wünschen sich die Eltern meistens Söhne.</td>
<td></td>
</tr>
<tr>
<td>In China gibt es die „Ein-Kind-Politik",</td>
<td>damit sollen Kinderhochzeiten ausgeschlossen werden.</td>
<td></td>
</tr>
<tr>
<td>Nur Jungen bleiben in China bei der Familie und sorgen für die Eltern,</td>
<td>dann werden sie zu jungen Damen.</td>
<td>3</td>
</tr>
<tr>
<td>Die schwedischen Jungen fanden die Papphüte zum Lucia-Fest öde,</td>
<td>damit soll die Überbevölkerung bekämpft werden.</td>
<td></td>
</tr>
<tr>
<td>Kein Mädchen und kein Junge sollte vor dem 18. Lebensjahr heiraten müssen,</td>
<td>so dürfen sie sich heutzutage auch mit einem Kerzenkranz verkleiden.</td>
<td></td>
</tr>
</table>

b) Welches Verhältnis besteht zwischen den Sätzen? Trage in die dritte Spalte die passende Nummer ein: (1) Begründung, (2) Folge, (3) zeitliche Angabe, (4) näherer Umstand.

2 Überlege, welche Hauptsätze man zu einer sinnvollen Satzreihe verbinden könnte, und schreibe diese in dein Heft. Die Konjunktionen helfen bei der Entscheidung, z. B.:

In Sparta lebte jeder für den Staat, deshalb ist über das Privatleben der spartanischen Familie nur wenig bekannt.

<table>
<tr>
<td>In Sparta lebte jeder für den Staat.</td>
<td>Lesen und Schreiben waren nicht so wichtig. (deshalb/deswegen)</td>
</tr>
<tr>
<td>Die Grundausbildung bestand vor allem aus sportlichen Wettbewerben und Kampfspielen.</td>
<td>Auch die Mädchen sollten ihren Körper hart trainieren. (dennoch)</td>
</tr>
<tr>
<td>Die ersten Jahre verbrachten die Jungen und Mädchen im elterlichen Haus.</td>
<td>Ihre Kraft wurde in ganz Griechenland bewundert. (deswegen/deshalb)</td>
</tr>
<tr>
<td>Die Jungen sollten lernen, Strapazen zu ertragen.</td>
<td>Über das Privatleben der spartanischen Familie ist nur wenig bekannt. (deshalb/daher)</td>
</tr>
<tr>
<td>Die Mädchen sollten sich vor allem auf ihre Funktion als Mutter vorbereiten.</td>
<td>Der Staat übernahm die Ausbildung. (danach/dann)</td>
</tr>
<tr>
<td>Wie die Jungen übten auch die Mädchen sich im Ringkampf, Lauf und Speerwerfen.</td>
<td>Die Jungen wurden auf das Soldatenleben vorbereitet. (damit/dadurch)</td>
</tr>
</table>

Info

Auch **Adverbien** können Hauptsätze zu einer Satzreihe verbinden, z. B.:
*Ich bezahle jetzt, **dann** gehe ich.*

Dadurch werden die Handlungen oder Situationen der beiden Sätze aufeinander bezogen.

Weitere Adverbien:
dann
danach
dadurch
deswegen
so
dennoch.

Teste dich!

Sätze unterscheiden

/10

1 Notiere das entsprechende Satzmuster und ergänze die Kommas.

Mit einem Kautschukball den sie auf ein Steintor zielten schossen die Maya-Frauen in Mexiko
vor über 3000 Jahren. ☐

In China beteiligten sich vor über 2000 Jahren schon Frauen an Ballspielen die dem heutigen
Fußballspiel ähneln. ☐

Weil auf Wandmalereien Ball spielende Frauen zu sehen sind wissen wir dies. ☐

Die Engländerinnen spielten damit sich die Männer nicht empörten anfangs noch mit hosenähnlichen Ballonröcken. ☐

/8

2 Stelle in den folgenden Satzgefügen den Nebensatz um. Es gibt jeweils zwei Möglichkeiten.

Viele kritisierten den Frauenfußball, weil sie eine Vermännlichung der Frau befürchteten.

_____

_____

Nachdem sich die Frauen bei der ersten WM so blamiert hatten, gründete man eine
Frauen-Nationalmannschaft.

_____

_____

/6

3 Verbinde die Hauptsätze mit Konjunktionen aus der Randspalte zu Satzreihen.

Ein normales Familienleben gab es in Sparta nicht. Der Staat erzog die Jugendlichen.

aber
denn
sondern

_____

_____

Die jungen Spartaner erlernten keinen Beruf. Sie wurden auf ihre Funktionen als Soldat bzw.
Mutter vorbereitet.

_____

_____

Die Jungen durften ihre Nahrungsmittel stehlen. Sie durften sich nicht erwischen lassen.

_____

_____

gesamt /24

Wiederholen und vertiefen

Sätze unterscheiden

1 Füge die Sätze entsprechend den Satzmustern in der Randspalte zusammen. Setze die Kommas.

HS (1),
NS,
HS (2).

im März 1930 gründete Lotte Specht den ersten Damenfußballverein	die damals erst 19 Jahre war

HS, NS.

der 1. DFC Frankfurt wurde bereits 1931 aufgelöst	weil der DFB die Aufnahme verweigerte

HS (1),
NS,
HS (2).

damit sie ausschließlich für ihre Familie sorgen konnte.	in der Zeit des Nationalsozialismus sollte die deutsche Frau nicht gegen den Ball treten

NS, HS.

(es) gründen sich erste Teams und Vereine	obwohl der Frauenfußball auch nach 1945 wenig angesehen ist

HS, NS.

das aber von den Frauen nicht beachtet wird	1955 beschließt der DFB das Verbot des Frauenfußballs

HS (1),
NS,
HS (2).

das Frauenteam des SC Bad Neuenahr reist zur ersten Frauenfußball-WM in Italien an	weil es keine Nationalmannschaft gibt

2 Schreibe aus den folgenden Informationen einen Text, der aus Satzgefügen besteht.

Hilfen
Verwende diese Konjunktionen:

als
nachdem
ohne dass

Halbfinale zum ersten Mal live übertragen	1989 findet die Frauen-EM statt
WM 2003 in den USA gewinnt Deutschland	Team erzielt in der Verlängerung das Golden Goal
ohne Gegentor einzustecken	deutsche Frauen errangen WM-Titel 2007 in China

Das Halbfinale wird zum ersten Mal live übertragen, als _____

_____

_____

_____

_____

_____

3 Besteht ein Text nur aus Hauptsätzen, wirkt dies eintönig und oft auch sehr abgehackt. Überarbeite den Text, indem du an geeigneten Stellen einzelne Sätze zu Satzgefügen oder zu Satzreihen umformst. Manchmal musst du die Sätze umstellen.

Nur Jungen durften früher studieren. Die Mädchen sollten sich auf Ehe und Familie vorbereiten. Die Mädchen erwarben einen Abschluss in Hauswirtschaft und Handarbeit. Der Abschluss wurde als „Pudding-Abitur" bezeichnet. Mädchen besuchten später auch Gymnasien. Mädchen wurden weiterhin getrennt von den Jungen unterrichtet. Viele Frauen sind heute berufstätig. Die Frauen sind finanziell unabhängig. Frauen können als Pilotin arbeiten. Männer können als Erzieher arbeiten. Die Zeiten haben sich geändert. Frauen sind heute oft besser ausgebildet als Männer. Frauen werden noch immer schlechter bezahlt.

Tipp
○ Ersetze Nomen durch Pronomen.
○ Verwende Konjunktionen, z. B.: während so deshalb obwohl damit
○ Stelle Sätze um, um nicht immer den gleichen Satzbau zu haben.

Nur Jungen durften früher an einer Universität studieren, während sich die Mädchen _____

_____

_____

_____

_____

_____

_____

_____

Übungen

Satzgefüge bilden und Kommas setzen

Was kannst du schon?

1 a) Füge passende Nebensätze in den Text ein.

Jane Goodall ist eine von drei Frauen, *die Langzeitstudien über Menschenaffen begannen.*

Zuerst arbeitete sie als Sekretärin bei einer Filmfirma, _____

_____ . Zusätzlich verdiente sie als Kellnerin Geld,

_____ . Sie beobachtete wild lebende

5 Schimpansen, _____ . Sie verstieß

gegen die Regeln der Wissenschaft, _____

_____ . Ihre Aufzeichnungen über das Verhalten der Affen

wurden für vermenschlichend gehalten, _____

_____ .

10 Sie schrieb ein Buch „Wilde Schimpansen", _____ .

nachdem sie die Handels-
schule besucht hatte

damit sie ihre erste
Reise nach Afrika
finanzieren konnte

weil sie deren Verhalten
genauer untersuchen
wollte

indem sie den
Schimpansen Namen
statt Nummern gab

(so) dass diese nicht
veröffentlicht wurden

mit dem sie Welt-
ruhm erlangte

b) Kreise die Konjunktionen ein, unterstreiche das eine Relativpronomen.

2 Ergänze mit Hilfe der Randspalte und überprüfe mit der Lösung.

Konjunktion
Relativ-
pronomen
Konjunk-
tionalsätze
Relativsätze

Nebensätze, die mit einer unterordnenden _____ *eingeleitet werden, nennt man*

_____ *. Nebensätze, die mit einem* _____

_____ *eingeleitet werden, nennt man* _____ *.*

Funktionen von Nebensätzen ermitteln

Adverbialsätze/Konjunktionalsätze

1 a) Überlege, welche Funktion die markierten Nebensätze haben. Kreuze passende Aussagen an.

A Nachdem Jane Goodall ihre Schule beendet hatte, war sie Sekretärin.

B Sie konnte nach Afrika reisen, weil sie genug Geld verdient hat.

☐ Die Nebensätze geben Zusatzinformationen zum Hauptsatz.

☐ Die Nebensätze geben einen Ort an.

☐ Die Nebensätze geben einen Grund an.

b) Suche ein passendes Fragewort aus der Randspalte aus, auf das der Nebensatz antwortet. Schreibe nach dem Muster für Satz A Frage und Antwort für Satz B auf.

A *Wann war Jane Goodall Sekretärin? → nachdem sie ihre Schule beendet hatte*

B _____

2 Formuliere die Fragen, auf die die Nebensätze antworten, und schreibe sie auf.
Nutze die Fragewörter aus der Randspalte und unterstreiche sie.

1. Sie interessierte sich für wild lebende Affen, weil sie deren

   Verhalten studieren wollte.

   Warum _____

   _____

2. Indem sie die Tiere intensiv beobachtete, lernte sie deren

   Gestik und Mimik zu deuten.

   _____

   _____

3. Schimpansen brechen Zweige ab, damit sie Termiten aus ihren Bauten angeln können.

   _____

   _____

4. Seit sie berühmt ist, hält sie viele Vorträge.

   _____

Info

Adverbialsätze werden auch **Konjunktionalsätze** genannt, da sie mit einer Konjunktion eingeleitet werden.

Hilfen

Seit wann?

Wozu?

Warum?

Wie?

> **Adverbialsätze**
>
> **Adverbialsätze** erläutern die Umstände eines Geschehens.
>
> **Adverbialsätze** sind Nebensätze, die Adverbialbestimmungen ersetzen, z. B.:
>
> *Bevor Goodall als Forscherin tätig war, arbeitete sie bei einer Filmfirma.*
> Adverbialsatz
>
> *Vor ihrer Tätigkeit als Forscherin arbeitete Goodall bei einer Filmfirma.*
> Adverbialbestimmung
>
> **Adverbialsätze** werden nach ihrer **Funktion** unterschieden, z. B.:
>
> **Temporalsatz** (Zeit)   **Modalsatz** (Art und Weise)
>
> **Kausalsatz** (Grund)   **Finalsatz** (Zweck)

Frage 6–9 ←

Satzglieder

3 Forme die Adverbialbestimmungen in Adverbialsätze um und setze die Kommas.

Vor ihrer Tätigkeit als Forscherin arbeitete Goodall als Sekretärin.

Bevor Goodall als Forscherin tätig war, arbeitete sie als Sekretärin.

Zur Finanzierung ihrer ersten Afrikareise verdiente sie als Kellnerin Geld.

_____

_____

Aufgrund ihrer Beobachtungen wild lebender Affen gelangte sie zu neuen Erkenntnissen.

_____

_____

Nach ihrer Zeit in Afrika ging Jane Goodall für einige Jahre an die Universität.

_____

_____

Wegen ihres unermüdlichen Einsatzes für die Tiere erhielt Goodall weltweit große Anerkennung.

_____

_____

4 a) Verbinde die Sätze, indem du aus einem der Sätze jeweils einen Adverbialsatz formst.
Verwende dabei die Konjunktion in Klammern.

Goodall lebt im Wald. Sie betreibt ihre Studien. (als)
Goodall beobachtet die Schimpansen. Sie stellte folgende Verhaltensweisen fest: (während)
Schimpansen brechen Zweige ab. Sie können mit ihnen Termiten aus Löchern angeln. (damit)
Die Affen verwenden Steine als Hammer. Sie sprengen Nussschalen. (indem)
Sie gehen gemeinsam auf Jagd. Sie können sich besser verteidigen. (damit)
Die Schimpansen sind „Allesfresser". Sie fressen auch Fleisch. (da)
Die Affen könnten bald aussterben. Wilderer jagen sie. (weil)

Goodall lebt im Wald, als sie ihre Studien betreibt.

b) Ergänze die Tabelle, indem du die verwendeten Konjunktionen richtig einträgst. Überprüfe mit der Lösung.

Adverbialsätze	einleitende Konjunktionen
Temporalsatz	nachdem, seit, sobald, bis,
Finalsatz	
Kausalsatz	
Modalsatz	wie, als, dadurch dass,

5 a) Prüfe die Fragen und unterstreiche die Fragewörter. Notiere dahinter, auf welche Art von Adverbialsatz sie hinweisen.

Auch Dian Fossey erforschte das Leben der Affen. Sie sah ihr Lebensziel darin, die Berggorillas in Ostafrika vor den Wilderern zu schützen.

Wann wurde Dian Fossey als Retterin der Berggorillas weltberühmt? <u>*Temporalsatz*</u>

Wozu musste sie sich an das Leben im Dschungel anpassen? _____

Wie lernte sie vieles über die Gorillas? _____

Warum wurde eine Fachzeitschrift auf sie aufmerksam? _____

Aus welchem Grund schickte man einen Fotografen nach Afrika? _____

b) Finde aus den Notizen die richtigen Antworten auf die Fragen. Schreibe diese zusammen mit der Frage, die du nun als Aussagesatz formulierst, in dein Heft, z. B.:

Nachdem der Film „Gorillas im Nebel" ausgestrahlt worden war, wurde Dian Fossey als Retterin der Berggorillas weltberühmt.

7 Verbinde die Sätze und nutze dazu die angegebene Konjunktion. Schreibe in dein Heft, z. B.:

Fossey zerstörte die Fallen der Wilderer. Diese hatten wieder getötet. (nachdem)

Fossey zerstörte die Fallen der Wilderer, nachdem diese wieder getötet hatten.

Der Konflikt mit den Wilderern spitzte sich immer mehr zu. Fossey musste zu immer drastischeren Mitteln greifen. (sodass)

Sie brachte viele Menschen gegen sich auf. Sie ging gegen die Wilderer mit brutalen Methoden vor. (weil)

Man wollte ihr kein neues Visum ausstellen. Sie störte angeblich den Tourismus. (weil)

Bis heute rätselt man über die Umstände ihres Todes. Sie wurde 1985 in ihrer Hütte ermordet aufgefunden. (nachdem)

Attributsätze/Relativsätze

1 In den Sätzen sind die Attribute fett geschrieben. Schreibe sie in Relativsätze um und füge die Kommas ein, z. B.:

→ **Frage 10**

Satzglieder

Bereits als Kind beobachtete Konrad Lorenz **auf dem Teich schwimmende** Enten.

Bereits als Kind beobachtete Konrad Lorenz Enten, die auf dem Teich

schwammen.

Der junge Konrad Lorenz pflegte **durch Unfälle verletzte Tiere** wieder gesund.

_____

_____

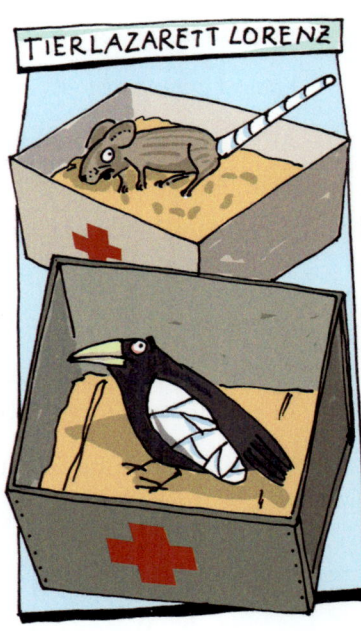

Über seine Beobachtungen schreibt Lorenz ein **weltweit Aufsehen erregendes** Buch.

_____

_____

Jeder Mensch kann die Eltern eines **frisch geschlüpften** Kükens ersetzen.

_____

_____

> **Info**
>
> **Attributsätze** werden auch **Relativsätze** genannt, da sie mit einem Relativpronomen eingeleitet werden.

1973 erhielt der **bereits sehr bekannte** Wissenschaftler den Nobelpreis.

_____

_____

Attributsätze

Attributsätze sind Nebensätze, die Attribute ersetzen. Sie gehören immer als **nähere Erläuterung** zu einem Nomen, z. B.:

Als Kind beobachtete er ⎡auf dem Dachboden lebende⎤ Tiere.
                        Attribut

Als Kind beobachtete er Tiere, ⎡die auf dem Dachboden lebten⎤.
                               Attributsatz

Attributsätze antworten auf die Fragen: **Was für (ein)? Welche?**, z. B.:

Was für/Welche Tiere beobachtete er? → *die auf dem Dachboden lebten*

Frage 1 ←

Wortarten

2 a) Forme einen der Sätze in einen Relativsatz um. Schreibe die Satzgefüge in dein Heft.

b) Markiere das einleitende Pronomen und zeige mit einem Pfeil, auf welches Nomen es verweist.

(1) Konrad Lorenz wird als „Vater der Graugänse" bezeichnet. Er erhielt den Nobelpreis.

Konrad Lorenz, der als „Vater der Graugänse" bezeichnet wird, erhielt den Nobelpreis.

(2) Auf dem Dachboden seines Elternhauses hielt er Dohlen. Das Elternhaus befand sich in der Nähe von Wien.

(3) Seine entscheidende Entdeckung gelang Lorenz an seiner Graugans Martina. Er gewöhnte sie als Küken an sich.

(4) Das Küken folgte ihm wie einer Mutter. Es ahmte seine Verhaltensweise genau nach.

(5) Neben angeborenen Verhaltensweisen gibt es auch erworbene Verhaltensmuster. Sie werden in einer bestimmten Lebensphase erlernt.

(6) Diese Feststellung bildete die Grundlage für eine neue Wissenschaft. Sie wurde Verhaltens-forschung genannt.

3 Wähle das richtige Relativpronomen aus der Randspalte aus und setze es ein. Rahme das Bezugswort (Nomen und Artikel) ein.

das
denen
deren
dessen
der
die

Konrad Lorenz schwamm mit einem Küken, *dessen* Verhalten er genau studierte.

Er schwamm mit mehreren Küken, _____ Verhalten er genau studierte.

Er schwamm mit einem Küken, _____ er bereits kannte, durch einen Teich.

die
deren
dessen
mit der
deren
das

Der Forscher lebte mit der Entenfamilie, _____ Mitglieder er genau kannte.

Er lebte mit der Entenfamilie, _____ er viel Zeit verbrachte.

Er lebte mit der Entenfamilie, _____ ihn als „Mutter" akzeptierte.

das
die
deren
den
dessen
der

Lorenz beobachtete das Verhalten des Jungvogels, _____ Zutrauen er gewann.

Er beobachtete das Verhalten des Jungvogels, _____ sehr zutraulich war, genau.

Er beobachtete das Verhalten der Jungvögel, _____ sehr zutraulich waren, genau.

Teste dich!

Satzgefüge bilden und Kommas setzen

1 a) Unterstreiche im Text die Adverbialsätze und setze die Kommas.

b) Wie fragst du nach den Adverbialsätzen? Schreibe das passende Fragewort in die Klammer.

Da in Polen Frauen Ende des 19. Jhs. nicht studieren dürfen geht Marie Curie nach Frankreich und studiert dort Mathematik und Physik. (_____)

Ihr Mann und sie führen Tag und Nacht Experimente durch, weil sie so besessen von der Wissenschaft sind. (_____)

Sie experimentieren in einem kleinen, dunklen Raum um die Radioaktivität näher zu erforschen. (_____)

Als sie das bis dahin unbekannte Element Radium entdecken werden sie mit dem Nobelpreis für Physik ausgezeichnet. (_____)

2 Forme die Adverbialbestimmungen in Adverbialsätze um. Setze die Kommas.

Nach dem Tod ihres Mannes arbeitet Marie Curie unbeirrt weiter.

_____

Sie übernimmt seine Stelle **zur Versorgung für sich und ihre Töchter**.

_____

Auf Grund der radioaktiven Strahlung ist Radium für Menschen sehr gefährlich.

_____

3 Forme aus den Attributen Relativsätze. Setze die Kommas.

Im 1. Weltkrieg entwickelt Marie Curie eine **mobile** Röntgenstation.

_____

Sie spendet den **hoch dotierten** Nobelpreis.

_____

Sie stirbt an den Folgen des **sich in den Knochen angereicherten** Radiums.

_____

Wiederholen und vertiefen

Satzgefüge bilden und Kommas setzen

1 a) Verknüpfe die folgenden Sätze entsprechend dem Satzmuster in der Randspalte. Verwende die jeweils vorgegebene Konjunktion sowie ein Relativpronomen.

b) Achte auf die richtige Kommasetzung.

Charles Darwin wurde 1809 geboren. Allein das christliche Weltbild besaß Gültigkeit. Dieses schrieb die göttliche Abstammung des Menschen vor.

NS	HS	NS
als		

Als Charles Darwin 1809 geboren wurde, besaß allein das christliche Weltbild Gültigkeit,

das die göttliche Abstammung des Menschen vorschrieb.

Darwin umsegelte die Welt. Er entdeckte viele Tiere. Diese hatte noch niemand beobachtet.

NS	HS	NS
während		

_____

_____

Im Laufe der Zeit haben sich viele Arten entwickelt. Diese sind heute z. T. ausgestorben. Ihre Lebensbedingungen haben sich verschlechtert.

HS	NS	NS
weil		

_____

_____

Es gab z. B. weniger Futter. Nur manche Tiere überlebten. Diese konnten auch anderes fressen.

HS	NS	NS
sodass		

_____

_____

Diese Tiere vermehrten sich. Deren Entwicklung können wir heute zurückverfolgen. Nach und nach entstanden unterschiedliche Arten.

HS	NS	NS
sodass		

_____

_____

Darwin provozierte die Kirche. Diese wollte am göttlichen Menschenbild festhalten. Er wies die Abstammung des Menschen vom Affen nach.

HS	NS	NS
weil		

_____

_____

c) Unterstreiche Konjunktionen und Relativpronomen.

2 a) Unterstreiche in jedem Satz die Adverbialbestimmung.

b) Forme die Adverbialbestimmung in einen Adverbialsatz um und schreibe das Satzgefüge auf.

c) Entscheide, ob du die Adverbialbestimmung oder den Adverbialsatz bevorzugst.
Bewerte mit ☺, z. B.:

Bei Darwins Geburt um 1900 besaß nur das christliche Weltbild Gültigkeit.

Als Darwin um 1900 geboren wurde, besaß nur das christliche Weltbild Gültigkeit. ☺

Mit gerade 22 Jahren begab sich Charles Darwin auf Weltreise.

_____

_____

Bei seiner fünfjährigen Weltumseglung stieß er auf eine
bisher unbekannte Finkenart.

_____

_____

_____

Am Ende seiner Reise hatte Darwin eine beachtliche
Sammlung zusammengetragen.

_____

_____

Einige Tierarten starben aus und andere überlebten durch Anpassung an die veränderten
Umweltbedingungen.

_____

_____

Bei Erscheinen von Darwins Buch sorgte es für große Verwirrung.

_____

Auf Grund ihres biblisch geprägten Weltbildes glaubten alle Menschen bislang an die göttliche
Abstammung des Menschen.

_____

_____

→ **Frage 6–9**

Satzglieder

Hilfen

**Adverbial-
bestimmung
oder Adver-
bialsatz?**

Klingen
Adverbialbe-
stimmungen
holprig, soll-
test du sie in
Adverbial-
sätze umfor-
mulieren.

Sind in einem
Text z. B. vie-
le Adverbial-
sätze, kannst
du einige zu
Adverbialbe-
stimmungen
verkürzen.

Übungen

Zeichen richtig setzen

Was kannst du schon?

1 Was fällt dir an folgendem Text auf? Schreibe deine
Antwort auf die Leerzeile.

Schreiben wie man spricht

Es ist ja ein ganz großes Dilemma Komma dass heute kaum einer mehr die deutsche Sprache so
wirklich beherrscht. Als ich zu meiner Zeit aufs Anführungszeichen unten Gymnasium Anführungszeichen oben ging Komma da musste ich immer darauf achten Komma dass es auch richtig geschrieben war. Man Komma ... ! Dabei könnte alles so einfach sein! Einfach nicht mehr
darauf achten Komma wie man spricht Komma wie man schreibt. Man stelle sich vor Doppelpunkt Dass ich nie mehr so tun müsste Komma als könnte ich die deutsche Sprache.

---

2 Bei den folgenden Sätzen sind die Satzzeichen bereits gesetzt.
Entscheide, welche Regel zu welchem Beispielsatz passt, und verbinde beide mit einem Pfeil.

Oh, das war ein toller Sprung!	Ausruf
Wassersportler schonen manchmal zum Ärger der Naturschützer die Umwelt nicht, obwohl es Vorschrift ist.	direkte Rede + Redebegleitsatz
„Sie entfernen sich manchmal zu weit vom Ufer", meint die Küstenwache.	Komma bei Aufzählung
Ein Surfer kontert: „Wenn man die Sportart beherrscht, dann ist darin kein Problem zu sehen."	Redebegleitsatz + direkte Rede
Surfen, Kiten, Wasserski werden bevorzugt von Jugendlichen betrieben.	Hauptsatz, Nebensatz
Kiten gilt als gefährlich, daher sollte man auf eine gute Ausrüstung achten.	Hauptsatz (1), Einschub, Hauptsatz (2)
Es gibt, nach vorsichtigen Schätzungen, etwa 500 000 Kiter.	Hauptsatz, Hauptsatz

---

Satzzeichen

Satzzeichen gliedern einen Text und erleichtern damit das Verständnis. Kommas zeigen
dem Lesenden an, wann er eine Sprechpause machen muss, z. B.:

*Kiten ist ein moderner Trendsport, **(Pause)** der immer mehr Leute in Bann zieht, **(Pause)** die bereit sind,
(Pause) viel Geld für dieses Hobby auszugeben.*

Kommas in Sätzen setzen

1 a) Lies die Sätze und füge die Satzschlusszeichen ein.

Auf dem alten hölzernen dunkelbraunen Segelschiff wehte die Fahne auf Halbmast Das Schiff
wurde von hohen peitschenden Wellen wie eine Nussschale durch den Atlantik geschleudert
Sogar die erfahrenen raubeinigen Seemänner schauderten Vasco da Gama der Kapitän brachte
jedoch seine entkräftete und fast verhungerte Mannschaft wieder sicher in den Hafen.

b) Unterstreiche alle Aufzählungen und die eine nähere Bestimmung.
Setze die erforderlichen Kommas.

2 a) Lies den folgenden Text und unterstreiche dabei mit Bleistift die Stellen, wo ein Komma
gesetzt werden muss.

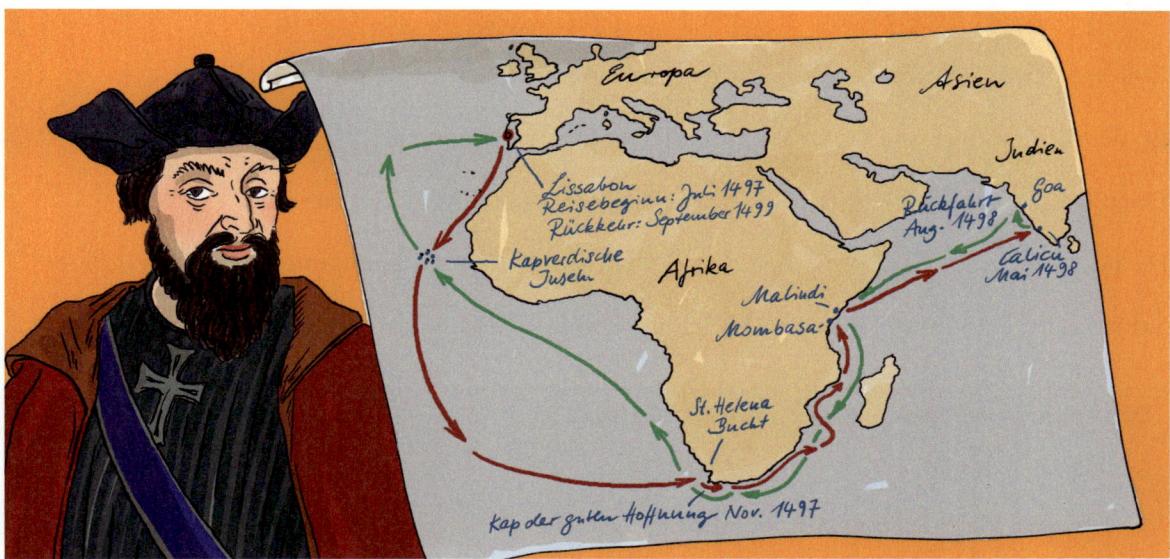

Im Juli 1497 verließ Vasco da Gama mit mehreren Schiffen Portugal. Das Schiff auf dem er sich
befand fuhr unter dem Kommando seines Bruders. In der Flotte waren die besten Steuerleute
Portugals denn sie kannten alle Strömungs- und Windverhältnisse bestens. Vasco da Gama
segelte durch den Atlantik und er entfernte sich absichtlich von der Küste um bessere Wind-
5   verhältnisse zu nutzen. Indem er der afrikanischen Küstenlinie folgte erreichte er im Frühjahr
1498 die indische Küste. Zum ersten Mal hatte ein europäisches Schiff Indien auf dem Seeweg
um Afrika herum erreicht. Das erste Schiff seiner Flotte das mit kostbaren Gewürzen beladen
war erreichte die Heimat im Juli 1499. Vasco da Gama der seine Rückfahrt wegen seines
erkrankten Bruders unterbrochen hatte traf später in Lissabon ein. Dort wurde ihm ein großer
10 Empfang bereitet.

b) Prüfe beim zweiten Lesen noch einmal genau, ob du alle Stellen erfasst hast.
Korrigiere, wenn nötig, und überprüfe mit der Lösung.

Tipp
Es fehlen insgesamt neun Kommas.

Tipp
Wo sind Hauptsätze, wo Nebensätze?

Achte darauf, dass ein Nebensatz **zwischen** zwei Hauptsätzen oder zwei Hauptsatzteilen stehen kann.

3 Verbinde die Sätze mit Hilfe von passenden Konjunktionen zu Satzreihen.
Setze, falls nötig, ein Komma.

Info
Satzreihe
HS HS

Die Matrosen meuterten vor Erschöpfung. Sie gaben das Schiff nicht auf.

_____

Die Portugiesen waren erfolgreiche Entdecker. Sie waren stolz auf Vasco da Gama.

_____

Die Spanier fuhren nach Süd- und Mittelamerika. Hernán Córtez hoffte auf Gold.

_____

4 Warum werden hier Kommas gesetzt? Schreibe hinter die Sätze die Nummer der entsprechenden
Regel aus dem Merkkasten.

Ihr Vater hatte gehofft, dass sie sich in einen Jungen verlieben würde. ☐

Er, der sehr besorgt war, wollte sie zum Bleiben überreden. ☐

Doch Jessica, ein zerbrechlich wirkendes Mädchen, blieb ihrem Traum treu. ☐

Ihr Boot taufte sie „Ella's Pink Lady" und sie belud es unter anderem mit 90 Dosen haltbarer

Sahne, zehn Dosen Austern und 576 Schokoriegeln. ☐ ☐

Die wichtigsten Kommaregeln im Überblick

Ein **Komma** steht:

1 zwischen **Hauptsatz und Hauptsatz**, z. B.:

Elias segelt oft, denn er beobachtet am liebsten Wale.

Ausnahme: kein Komma bei *und/oder*, z. B.:

Peter liebt das Meer und Lara taucht für ihr Leben gerne.

2 zwischen **Hauptsatz und Nebensatz**, z. B.:

Sie sparen jeden Euro, weil sie bald auf große Fahrt gehen wollen.

3 vor und nach einem **eingeschobenen Satz**, z. B.:

Eines Tages, es ist kurz vor zwölf am Mittag, erblicken sie die ersten Wale.

4 bei **Aufzählungen**, z. B.:

Peter, Lara und Elias beginnen an einem Samstag ihre Schiffsreise nach Amerika.
Sie starten in Bremerhaven, verlassen Europa, setzen über nach Kanada und kommen nach zwei Wochen in New York an.

5 bei **näheren Bestimmungen**, z. B.:

Lara, Peters Schwester, ist leider oft seekrank. Dr. Kahn, der Schiffsarzt, hilft.

Zeichen in der wörtlichen Rede setzen

1 a) Unterstreiche die Sätze, in denen gesprochen wird, und markiere die Redebegleitsätze in einer anderen Farbe.

Jessica Watson hat als jüngster Mensch die Welt umsegelt. Im Interview erzählt die 17-Jährige von ihrem Abenteuer. Sie trägt Jeans, Ballerinas, ein Täschchen, einen rosa Schal und wirkt zerbrechlich. „Bist du überhaupt stark genug?", fragt die Journalistin. Jessica hebt ihren Arm, zeigt ihre Muskeln. Sie lacht und sagt: „Natürlich bin ich stark!"

Info

Redebegleitsatz

Er erläutert, **wer** spricht und **wie** gesprochen wird, z. B.:

Ich frage leise: „…

b) Prüfe, wie die Zeichen der wörtlichen Rede gesetzt sind, und trage sie entsprechend ein.

☐   Bist du überhaupt stark genug? ☐   ☐   fragt die Jornalistin.

Sie lacht und sagt ☐   ☐   Natürlich bin ich stark! ☐

2 a) Lies das Gespräch weiter und unterstreiche alle Redebegleitsätze.

Die Journalistin fragt   Du warst 210 Tage allein auf See. Wie oft hast du dich einsam gefühlt? Ich habe meine Familie und meine Freunde vermisst   antwortet Jessica,   aber nie unter der Einsamkeit gelitten.   Sie fährt fort   Ich habe mich ja bewusst dafür entschieden.   Die Journalistin hakt nach   Und an Weihnachten?   Jessica sagt   Ich habe mir gesagt: Du wirst noch viele Weihnachten zu Hause feiern, dieses Weihnachten wird anders.   Wie oft wolltest du aufgeben?   fragt die Journalistin.   Klar, es gab Momente   muss Jessica zugeben.   Aber ich konnte gar nicht aufgeben, nur weiterfahren. Das war der schnellste Weg nach Hause.

b) Setze die Zeichen der wörtlichen Rede.

Hilfe

Achte auf:

○ den **Doppelpunkt** nach der wörtlichen Rede

○ die **Anführungszeichen** oben und unten

○ die **Kommas**.

> **Die wörtliche Rede (direkte Rede)**
>
> Die **wörtlichen Rede** wird genutzt, wenn schriftlich wiedergegeben wird, wenn jemand spricht. Sie steht in **Anführungszeichen**, z. B.: „*Ich war als Kind eher schüchtern.*"
>
> Der **Redebegleitsatz** kann an verschiedenen Positionen stehen:
>
> ○ **vor** der wörtlichen Rede: *Jessica sagt: „Ich hatte diesen großen Traum."*
>
> ○ **nach** der wörtlichen Rede: *„Ich hatte diesen großen Traum", sagt Jessica.*
>
> ○ **innerhalb** der wörtlichen Rede: *„Ich hatte", sagt Jessica, „ diesen großen Traum."*

Teste dich!

Zeichen richtig setzen

/7

1 Verbinde die Sätze mit den in Klammern stehenden Konjunktionen bzw. Pronomen und setze die erforderlichen Kommas.

1787 sticht die „Bounty" in See. Das britische Empire will Brotfruchtbäume auf Tahiti ergattern. (weil)

_____

_____

Das Kommando hat Captain Bligh. Er hat erstmals die Kontrolle über ein großes Schiff. (der)

_____

_____

Er wirkt wie ein alter Seebär. Auf See zeigt sich, dass mit Bligh nicht zu spaßen ist. (aber)

_____

_____

Die Erfüllung seines Auftrags ist ihm das Wichtigste. Die Mannschaft ist ihm egal. (und)

_____

_____

/6

2 Unterstreiche die wörtliche Rede und rahme die Redebegleitsätze ein. Setze die Zeichen der wörtlichen Rede.

An die Taue brüllt er ohne Rücksicht auf Kranke und Schwache. Als aus der Speisekammer Käse verschwunden ist, schreit er: Halbe Essensration für die ganze Mannschaft. Als ihn daraufhin ein Matrose beleidigt, lässt er ihn gnadenlos auspeitschen. Euch diebisches Gesindel werde ich es noch zeigen zetert der Kapitän.

/11

3 Setze alle erforderlichen Satzzeichen, die Kommas und die Zeichen der wörtlichen Rede.

In der Mannschaft mehrt sich der Widerstand. Dramatisch wird es auf der Rückfahrt von Tahiti als sich herausstellt dass die Brotfruchtbäume mehr Wasser brauchen als erwartet. Von da an erhält die Truppe auch weniger Wasser als benötigt. Das können Sie nicht machen sagt der Erste Offizier. Unsinn sagt der Kapitän. Wir bringen die Bäume nach Hause und es ist egal was es kostet. Es kommt zu ersten Todesfällen. Vor allem der Erste Offizier schaut sich das Treiben skeptisch an und überlegt sich einen Plan ...

gesamt /24

Zeichen richtig setzen

1 a) Lies den folgenden Text sorgfältig durch und ergänze alle Satzschlusszeichen.

Die jüngste Weltumseglerin

Die Seglerin Laura Dekker Jahrgang 1995 wollte als jüngster Mensch allein zur Umseglung der Welt aufbrechen Sie war aber zunächst von den Behörden daran gehindert worden weil sie noch zu jung gewe-
5 sen sei Ich bin bereits während einer Weltumsegelung meiner Eltern geboren worden erzählt Laura Durch ihren Vater besitzt sie die niederländische durch die Mutter die deutsche und durch den Geburtsort die neuseeländische Staatsangehörigkeit Ihre Eltern
10 machten sie schon als Kleinkind mit dem Segeln ver-
traut und sie zeigten ihr ein Leben auf dem Wasser Laura beklagt dass viele Leute offenbar falsche Vorstellungen über eine Weltumsegelung hätten Ich bin
ja nicht zwei Jahre durchgehend allein sondern ich lege viele Zwischenstopps ein
15 erklärt sie Die längste Zeit die ich an einem Stück allein auf dem Wasser
unterwegs bin beträgt drei Wochen
Laura musste versprechen während ihrer Tour auf den Weltmeeren den Unterrichtsstoff der Schule durchzuarbeiten Sie wollte sich eigentlich vom Schulbesuch für
zwei Jahre freistellen lassen aber die Behörden hatten das abgelehnt

b) Unterstreiche alle Sätze, die wörtliche Rede enthalten, und setze die Anführungszeichen.

c) Rahme die Redebegleitsätze ein.

2 Prüfe den Text ein weiteres Mal und trage alle Kommas in den Sätzen ein.

Strategien 2

Grammatik anwenden

Wozu auf die Stellung der Satzglieder achten?

1 a) Lies die beiden Texte über die Kennzeichen einer Anekdote.

Hilfe
übliche
Satzstellung:
Subjekt
Prädikat 1
Adverbiale
Objekt
Prädikat 2

Schatzkästlein des Rheinischen Hausfreundes, von **Johann Peter Hebel** (1760–1826), veröffentlicht 1811 in Tübingen

Anekdoten sind Geschichten mit einem Höhepunkt. Anekdoten erzählen meist über Persönlichkeiten. Sie beschreiben deren Eigenarten. Sie beschreiben auch denkwürdige Ereignisse. Das Geschehen muss nicht wahr sein. Die Glaubwürdigkeit bzw. Möglichkeit der Handlung steht im Vordergrund. Anekdoten wurden zum Schutz der Privatsphäre mündlich weitererzählt. Johann Peter Hebel (1760–1826) veröffentlichte diese Anekdoten.

Anekdoten sind kurze Geschichten mit einem überraschenden Höhepunkt. Meist erzählen sie über bedeutende Persönlichkeiten, charakterisieren deren Eigenarten scharf und blitzlichtartig oder sie beschreiben denkwürdige Ereignisse. Das Geschehen muss nicht der historischen Wahrheit entsprechen, denn im Vordergrund steht die Glaubwürdigkeit (bzw. Möglichkeit) der Handlung. Zum Schutz der Privatsphäre wurden Anekdoten mündlich weitererzählt, aber J. P. Hebel veröffentlichte in seinem „Schatzkästlein" trotzdem diese (kurzen) Geschichten.

b) Prüfe, durch welche Veränderungen der Text verbessert wurde, und kreuze das Entsprechende an.

☐ Satzglieder wurden umgestellt. (unterstreichen)

☐ Satzglieder wurden ersetzt. (doppelt unterstreichen)

☐ Sätze wurden verknüpft. (einrahmen)

☐ Satzglieder wurden erweitert. (einkreisen)

c) Finde für jede Art der Veränderung ein Beispiel im Text und markiere dieses in der angegebenen Weise.

d) Prüfe, welche Wirkung diese Veränderungen auf den Text haben. Kreuze Zutreffendes an.

☐ Aussagen werden genauer formuliert.

☐ Wiederholungen werden vermieden.

☐ Aussagen werden gestrafft/gekürzt.

☐ Bestimmte Informationen werden betont.

☐ Der Textzusammenhang wird deutlich gemacht.

☐ Der Text klingt flüssiger.

☐ Ein logischer Zusammenhang zwischen den Sätzen wird hergestellt.

☐ Der Text wirkt als Einheit.

Wozu auf Nebensätze achten?

1 a) Lies diese Anekdote.

Nach dem Tod seiner Frau musste der Musiker Johann Sebastian Bach Vorbereitungen für das Begräbnis treffen. Der stets **von seiner Gattin umsorgte** Witwer war damit überfordert. So kaufte der alte Diener **auf Bachs Anweisung** hin einen Trauerkranz. **Nach der Ausführung des Auftrags** forderte er sein Geld. Der **am Tisch sitzende und tief trauernde** Komponist antwortete seinem Bediensteten: „Meine Frau wird die Rechnung begleichen." Wahrscheinlich hat Bach **auf Grund seiner bisherigen Gewohnheit** diese Antwort gegeben.

b) Arbeite in deinem Heft und forme die fett gesetzten Ausdrücke in Nebensätze um, z. B.:

Nachdem seine Frau gestorben war, musste der Musiker ...

c) Vergleiche deinen neuen Text mit dem Ursprungstext und ordne die folgenden Aussagen richtig zu. Trage sie in die Tabelle ein.

Hilfen
Verwende Attributsätze oder Adverbialsätze.

oft Nomen/Nominalisierungen
oft in Erzähltexten
überwiegend Verben
einfache Hauptsätze und Satzreihen
meist leichter verständlich
Satzgefüge
holprig und oft schwer verständlich
oft in Sachtexten
kürzere Darstellung
lebendigere Darstellung

Nominalstil	Verbalstil

Warum auf Aktiv und Passiv achten?

1 a) Unterstreiche alle Sätzte mit Passivkonstruktionen und kreuze die richtige Anzahl an.

☐ 5   ☐ 8   ☐ 10

Die Brüder Grimm sind Zeitgenossen des Autors Heinrich von Kleist. <u>Dessen Theaterstücke</u>
<u>werden auf vielen Bühnen gespielt.</u> Die Märchen der Brüder Grimm kennt fast jedes Kind.
Jacob Grimm wurde 1785 geboren, sein Bruder Wilhelm kam ein Jahr später auf die Welt.
Beide interessierten sich für volkskundliche Themen. 1806 bat der Dichter Clemens Brentano
5 das Brüderpaar, Volkslieder zu sammeln. Diese wurden in Brentanos Buch „Des Knaben
Wunderhorn" aufgenommen. Nun schrieben die Brüder auch Märchen und deutsche Heldensagen auf. Diese wurden ihnen oft von Dorfbewohnern erzählt. Die Veröffentlichung dieser
„Kinder- und Hausmärchen" machte sie sehr berühmt. Die Brüder Grimm gaben auch das
umfangreiche „Grimm'sche Wörterbuch" in Auftrag. Die Arbeit an den 33 Bänden wurde erst
10 100 Jahre nach ihrem Tod von Sprachwissenschaftlern abgeschlossen.

b) Überlege, warum die Sätze im Passiv stehen. Folgende Erklärungen können dir helfen.
Schreibe die Ziffern neben die entsprechenden Sätze in die Randspalte.

1 Der Handelnde bzw. Täter ist unbekannt.
2 Jeder könnte als Handelnder gemeint sein.
3 Ein und dasselbe Subjekt soll nicht ständig wiederholt werden.
4 Der Handelnde ist allen bekannt und muss nicht genannt werden.
5 Das Verb soll am Schluss stehen und dadurch betont sein.
6 Der Handelnde ist unwichtig, das Geschehen steht im Mittelpunkt.

c) Forme deine unterstrichenen Passivsätze in Aktivsätze um, z. B.:

Viele Bühnen spielen dessen Theaterstücke.

Tipp
Manchmal treffen zwei oder drei Erklärungen zu.

Welche Funktionen haben Zeitformen?

1 a) Lies die Geschichte. Überprüfe, in welcher Zeitform die markierten Verben jeweils stehen, und trage es in die Tabelle ein. Ergänze die zweite Spalte.

Mutterliebe

Heinrich von Kleist

Zu St. Omer im nördlichen Frankreich ereignete sich im Jahr 1803 ein merkwürdiger Vorfall. Daselbst* fiel ein großer toller* Hund, der schon mehrere Menschen beschädigt hatte, über zwei, unter einer Haustür

5 spielende Kinder her. Eben zerreißt er das jüngste, das sich, unter seinen Klauen, im Blute wälzt; da erscheint, aus einer Nebenstraße, mit einem Eimer Wasser, den sie auf dem Kopf trägt, die Mutter. Diese, während der Hund die Kinder loslässt und auf sie zuspringt, setzt den Eimer neben sich nieder; und außer-

10 stand zu fliehen, entschlossen, das Untier mindestens mit sich zu verderben, umklammert sie, mit Gliedern, gestählt* von Wut und Rache, den Hund: Sie erdrosselt ihn und fällt, von grimmigen Bissen zerfleischt, ohnmächtig neben ihm nieder. Die Frau begrub noch ihre Kinder und ward, in wenig Tagen, da sie an der Tollwut starb, selbst zu ihnen ins Grab gelegt.

daselbst: dort, an diesem Ort

Heinrich von Kleist (1777–1811), deutscher Dichter

* **toller:** tollwütig
* **gestählt:** voller Kraft

Verb	Zeitform (Tempus)	Funktion
ereignete		

b) Die Verwendung verschiedener Zeitformen wird in Erzählungen bewusst eingesetzt. Überprüfe, welche der folgenden Funktionen das jeweilige Tempus in der Erzählung übernimmt, und trage die entsprechende Ziffer in die dritte Spalte der Tabelle ein.

1 vergegenwärtigt die Situation, steigert die Spannung
2 schildert und beschreibt Ereignisse, Situationen, Personen
3 verweist auf ein Ereignis, das schon länger zurückliegt

Was bedeutet Modalität?

Die Ohrfeige

Johann Peter Hebel

Ein Büblein klagte seiner Mutter: „Der Vater hat mir eine Ohrfeige gegeben."
Der Vater kam dazu und sagte: „Lügst du wieder? Willst du noch eine?"

In einem Lexikon über Schriftsteller heißt es:

Johann Peter Hebel hat in seinen Geschichten alltägliche Situationen witzig dargestellt, so auch in der Anekdote „Die Ohrfeige".

Ein Sohn beklagt sich bei der Mutter, der Vater habe ihm eine Ohrfeige gegeben.
Als der Vater dies hört, fragt er ihn, ob er wieder lüge und ob er noch eine wolle.

1 a) Wie wirken die Aussagen von Vater und Sohn in den beiden Texten auf dich?
Trage die Begriffe aus der Randspalte in die Tabelle ein.

distanziert
neutral
direkt
subjektiv
indirekt
lebendig

Text	Wirkung	Modus
Text 1: Johann Peter Hebel		
Text 2: Lexikontext		

b) Unterstreiche im ersten Text alle Verbformen innerhalb der wörtlichen Rede. Wie lauten sie als indirekte Rede? Unterstreiche im zweiten Text die entsprechenden Verbformen.

Konjunktiv
Indikativ

c) In welchem Modus stehen die Verben jeweils? Notiere die Fachbegriffe aus der Randspalte in die dritte Spalte der Tabelle.

Lösungen

Strategien 1
Sprache – eine Ordnung entdecken

Seite 6

1 a) Computern, Laptops, Schule // arbeite, stehen // in, mit // ich, meiner

b) Es sind vier verschiedene Wortarten.

2 Präposition – geben Verhältnisse an, z. B. Positionen und Richtungen (in, mit); Pronomen – lassen einen Text abwechslungsreicher erscheinen, sie können z. B. Stellvertreter für Nomen sein (ich, meine); Nomen, Substantive – führen meist einen Artikel, man schreibt sie groß (Computer, Laptop, Schule); Verben sagen aus, was geschieht oder was getan wird (arbeite, stehen)

3 *So könnte deine Lösung lauten:*
Ich arbeite in der Schule mit Computern und Laptops.

Seite 7

4 a) der Schüler (Subjekt); sitzt (Prädikat)

b) *So könnte deine Lösung lauten:*
Wegen der lästigen Hausaufgaben sitzt am frühen Abend der Schüler in seinem unaufgeräumten Zimmer an seinem Schreibtisch vor dem summenden Computerbildschirm.

5 Voller Begeisterung (*auf welche Art es passiert*) beginnen (*was passiert*) nach dem Essen (*wann es passiert*) die Studenten (*wer etwas tut*) den Sprachkurs (*was geschieht*) zur Verbesserung ihrer Englischkenntnisse (*warum es passiert*) im Computerraum (*wo es passiert*).

Sätze unterscheiden und bestimmen

Seite 8

1 a) Pippi Langstrumpf ⟨findet⟩ aus jeder Gefahr ⟨heraus⟩, da sie klug und wagemutig ⟨ist⟩.
Das zierliche Mädchen, das Wahnsinnskräfte ⟨besitzt⟩, ⟨kann⟩ sein Pferd ⟨hochheben⟩.

b) Alle Aufgaben sind zutreffend und können angekreuzt werden.

2 a) *So könnte deine Lösung lauten:*
Nachdem der Vater die Villa Kunterbunt gekauft hatte, lebte Pippi dort allein. Dies erfährt der Leser zu Beginn des Romans, der „Pippi Langstrumpf" heißt. Als Astrid Lindgrens Tochter krank im Bett lag, las die Mutter ihr Märchen vor. Karin wollte etwas von „Pippi" hören, sodass sich ihre Mutter kleine Geschichten ausdachte. Die Begeisterung für ihre Bücher hält bis heute an, weil für viele Menschen die freiheitsliebende und mutige Pippi so etwas wie ein Vorbild ist.

b) Hauptsätze allein wirken oft *eintönig*. Wenn Hauptsätze durch *Nebensätze* ersetzt oder mit einem anderen Hauptsatz kombiniert werden, klingt der Text oft *abwechslungsreicher* und *interessanter*.

Wortarten erfragen

Seite 9

1 a) und b) Frage 2: hieß, Frage 3: kleine, Frage 4: eine, Frage 5: bestimmt, Frage 6: in, Frage 7: ihr, Frage 8: er

Satzgliedproben anwenden

Seite 10

So könnte deine Lösung lauten:

2 a) Ohne Eltern lebt die 9-jährige Pippi in der Villa Kunterbunt.
Die Freundschaft ihrer Kinder versuchen die besorgten Eltern zuerst zu unterbinden.

b) Die 9-jährige Pippi lebt ohne Eltern in der Villa Kunterbunt.
Zuerst versuchen die besorgten Eltern die Freundschaft ihrer Kinder zu unterbinden.

Satzglieder und Satzgliedteile erfragen

Seite 11

1 a) und b)
Nachdem *Pippi Langstrumpf* (**Subjekt**) in die Villa kunterbunt eingezogen ist, freundet sie sich *mit anderen Kindern* (**Präpositional-Objekt**) an. *Schon am ersten Tag* (**Adverbialbestimmung der Zeit**) begegnen die beiden Geschwister Annika und Tommi *dem lustigen Mädchen* (**Dativ-Objekt**). *Wegen ihrer Stärke und ihres Selbstbewusstseins* (**Adverbialbestimmung des Grundes**) bewundern Annika und Tommi *heimlich* (**Adverbialbestimmung der Art und Weise**) das Nachbarskind. „Man *erreicht* (**Prädikat**) alles, wenn man nur will." Das ist Pippi Langstrumpfs Lebensmotto. Pippi besitzt *zwei Koffer* (**Akkusativ-Objekt**) *voller Goldstücke* (**Attribut**), die sie von ihrem Vater bekommen hat. Von dem Geld kauft sie *in verschiedenen Läden* (**Adverbialbestimmung des Ortes**) oft Geschenke für ihre Freunde.

Übungen – Wortarten wiederholen

Seite 12

1 a) <u>Nomen (rot):</u> Profil, Facebook, Mitglieder, Ansprache, Beispiel, Nachricht, Freunde, Frau, Online-Netzwerk, Hürden, Jugendliche, Freundeskreis, Plattform, Freunden
<u>Verben (grün):</u> löschen, will, hat, versuchen, halten, kommt, werden, vermissen, ist, verlässt, muss, überwinden, tritt aus, ist, fühlt, wird, ausgelacht

b)

Adjektiv	Possessiv-pronomen	Präposi-tion	Adverb
schwer	ihre	mit	leicht
soziales	deine	daneben	dauerhaft
weinende	sein	auf	schnell

2 a) entwick*elt*, d*es*, Computer*s*, amerikanisch*e*, sein*en* gigantisch*en* Ausmaß*en*, Elektroröhr*en*, des Elektrogehirn*s*, d*em*, kenn*en*

b) in, Namen (Konrad Zuse), zu, allerdings, von, so, wie, heute, am, Zahlen (1949)

Wortarten kennen und bezeichnen

Seite 13

1 a) und b) Jeder Zweite zwischen 12 und 19 Jahren loggt sich in seine Online-Community ein, die meisten von ihnen sogar täglich. Der Austausch von *Bildern*, Einträgen, Kommentaren und Statusmeldungen über *soziale* Netzwerke ist somit die am *häufigsten* verwendete Kommunikationsform ⟨im⟩ Internet. Wenn man – ohne vorher gefragt worden zu sein – Bilder von sich in sozialen *Netzwerken* oder ⟨anderswo⟩ im Internet findet, hat man einen *rechtlichen* Anspruch darauf, dass sie *entfernt* werden. Man muss dabei nicht ⟨sofort⟩ einen Anwalt einschalten. Es reicht aus, dem Inhaber des *jeweiligen* Profils bzw. Fotoalbums eine *kurze* E-Mail zu schreiben und um Entfernung *zu bitten*.

2 a) und b)
<u>Nomen (rot):</u> Leute, Nachrichten, Twitter (2x), Netzwerk, Tagebuch, Internet, Privatpersonen, Organisationen, Unternehmen, Schauspieler, Politiker, Massenmedien, Twitter, Plattform, Verbreitung, Textnachrichten, Internet
<u>Verben (grün):</u> twittert, will, mitteilen, erscheint, ist, twittert, lesen, wollen, wird, definiert, nutzen
<u>Adjektive (blau):</u> anderen, soziales, einsehbares, große, bekannte, weiten, langweiligen, interessanten
<u>Pronomen:</u> es, seine, ihren

b) Wenn man twittert, will man anderen Leuten etwas mitteilen, was einem wichtig erscheint. Es ist für den, der twittert, sehr wichtig, wie viele Leute seine Nachrichten lesen wollen. Twitter wird auch als soziales Netzwerk oder ein meist öffentlich einsehbares Tagebuch im Internet definiert. Privatpersonen, Organisationen, große Unternehmen, bekannte Schauspieler, Politiker und viele Massenmedien nutzen Twitter als Plattform zur weiten Verbreitung von langweiligen oder interessanten Textnachrichten im Internet.

Seite 14

3 a) 8UNG (13), AA (1), CWYL (8), DUBIMEILE (11), BDPEW (6), BF (7), ALDI (3), AS (4), EIDU (12), DN! (10), DBDDHKPUKKU (9), ADS (2), ASUP (5)

b)
1. Automatische Antwort. = Adjektiv + Nomen
2. Alles deine Schuld. = Pronomen + Pronomen + Nomen
3. Am liebsten dich. = Präposition + Adjektiv + Pronomen
4. Ansichtssache. = Nomen
5. Antworte schnell und präzise. = Verb + Adverb + Konjunktion + Adverb
6. Bei dir piept es wohl! = Präposition + Pronomen + Verb + Pronomen + Partikel
7. Blödfrau! = Nomen
8. Ich chatte später mit dir. = Pronome + Verb + Adverb + Präposition + Pronomen
9. Doof bleibt doof … = Adjektiv + Verb + Adjektiv + Konjunktion + Verb + Numerale + Nomen + Konjunktion + Numerale + Adjektiv + Nomen
10. Du nervst! = Pronomen + Verb
11. Du bist mein Leben. = Pronomen + Verb + Pronomen + Nomen
12. Erwarte immer das Unmögliche. = Verb + Adverb + Artikel + Nomen
13. Achtung! = Nomen

Teste dich – Wortarten wiederholen

Seite 15

1. falsch **2.** sehr **3.** richtig **4.** Handlungen **5.** Dinge, Gefühle, Pflanzen, Personen **6.** Artikel **7.** Stellvertreter von Nomen **8.** sie **9.** richtig **10.** besitzanzeigendes Fürwort **11.** sein, unser, dein **12.** richtig **13.** hinweisendes Fürwort **14.** bestimmte Artikel **15.** gerne **16.** nachdem

17. Lokaladverb **18.** sehr **19.** Verb **20.** Konjunktion

Auswertung der Testergebnisse – Wortarten wiederholen

1 bis 20 pro richtig gesetztes Kreuzchen 1 Punkt

25–20 Punkte
Mit Wortarten kannst du schon ziemlich sicher umgehen. Weiter so!

19–12 Punkte
Du kannst schon einiges! Wiederhole auf den S. 12 bis 14, wie man die Wortarten unterscheiden kann. Du kannst anschließend auf S. 16 weiterüben.

11–0 Punkte
Du musst noch einmal üben, wie man die Wortarten unterscheiden kann und welche unterschiedliche Aufgaben sie erfüllen. Sieh dir hierfür S. 6 und 9 im Strategieteil und die entsprechenden Bereiche des Kapitels noch einmal an. Bearbeite anschließend die Übungen auf S. 16.

Wiederholen und Vertiefen – Wortarten wiederholen

Seite 16

1 KINDERGÄRTEN (Nomen), HEUTE (Adverb), DER; DIE (Artikel), SPIELERISCH (Adverb), DENKEN (Nomen), EINE (Artikel), UND (Konjunktion), TECHNISCHEN (Adjektiv), MEDIUM (Nomen), VIELE (Numerale), ES (Artikel), GILT (Verb), SCHEINEN (Verb)

2 a) der Computer

b) *So könnte deine Lösung lauten:*
Am Nachmittag spiele ich sehr gerne mit dem Computer. Ich finde die Zeit, die ich am Computer verbringe, sehr entspannend. Man kann ihn nicht nur zum Spielen verwenden. Am Wochenende schreibe ich damit E-Mails an meinen Freund in Frankreich. Gelegentlich schaue ich mir auch Filme darauf an. Am meisten Spaß macht es mir allerdings über den Computer zu telefonieren – das heißt „skypen".

Übungen – Mit Verben umgehen

Seite 17

1 a) und b)

☐ füllen   ☐ drauflegen   ☐ festhalten
☐ umdrehen   ☐ loslassen   ☒ bleibt
☐ kleben   ☒ läuft heraus

c) Der *Infinitiv* ist die Grundform des Verbs. Er besteht aus dem Stamm und der Endung -(e)n, z. B. les-en, lächel-n. Bei Verwendung in Sätzen *ändern* Verben ihre Form, sie werden konjugiert (gebeugt). Diese veränderten Formen nennt man *finite* Verbformen oder Personalformen.

2 a) und b)

Was passiert? Zwar *drückt* das Wasser auf den Deckel, aber der Druck der Luft von unten *ist* größer. Sie *presst* den Deckel fest an das Glas. Deshalb *kann* keine Luft hinausströmen und auch Wasser nicht hinausfließen. Achtung: Bevor du das Glas wieder *umdrehst*, *musst* du den Deckel festhalten, sonst *wirst* du nass.

Partizip I und II bilden

Seite 18

1 Ich sehe dich tanzend und ein Lied pfeifend auf der Straße.
Du siehst an der Haltestelle stehend den Bus herankommen.
Sie sitzt einen spannenden Roman lesend im Zug nach Prag.

2 Lisa sitzt ganz allein im Baum am Fluss. Während sie *herumhangelnd* einen Platz sucht, sieht sie einen Jungen im Kanu, vorsichtig *heranpaddelnd*. Er wirkt *abwartend*. Seine Augen sind auf einen Fischreiher *gerichtet*, der *dösend* am Ufer steht. Deshalb hat dieser den Fuchs nicht *gesehen*, der gefährlich nah *gekommen* ist, um ihn zu fangen. Durch das *klatschende* Geräusch eines Paddels kann der Reiher gerade noch *gewarnt* werden und so muss sich der rote Jäger *geschlagen* zurückziehen.

Die Zeitform der Gegenwart verwenden

Seite 19

1 a) [...] Die Leute fuhren Bob und Ski // am Hange hinterm Haus.
Ja, und von weitem sahen sie // wie Sommersprossen aus.
Das Publikum war möglichst laut. // Was tat das der Natur?
Sie wurde* nicht für es gebaut. // Und schwieg. Und lächelte nur.
[...] Die Berge und der Wasserfall verloren jeden Sinn.
Am Donnerstag war Lumpenball. Da passten manche hin.
Sie konnten nie bescheiden sein und fanden alles nett.
Und glaubten, die Natur sei // ein Komfort wie das Klosett. [...]

b) [...] Die Leute *fahren* Bob und Ski // am Hange hinterm Haus.
Ja, und von weitem *sehen* sie // wie Sommersprossen aus.
Das Publikum *ist* möglichst laut. // Was *tut* das der Natur?
Sie wurde* nicht für es gebaut. // Und *schweigt*. Und *lächelt* nur.
[...] Die Berge und der Wasserfall *verlieren* jeden Sinn.
Am Donnerstag *ist* Lumpenball. Da *passen* manche hin.
Sie *können* nie bescheiden *sein* und *finden* alles nett.
Und *glauben*, die Natur *ist* // ein Komfort wie das Klosett. [...]

2 a) Ein Problem sind die Pistenraupen, da sie die Schneedecke so sehr *zusammendrücken* und *verdichten*, dass die Pflanzen nicht mehr *atmen* können und deshalb *sterben*. Wenn die Pflanzen *sterben*, *nimmt* die Erde praktisch kein Wasser mehr auf. Der Regen *fließt* den Hang hinunter und *nimmt* immer mehr Erde mit sich. Diesen Vorgang *nennt* man Bodenerosion.

b) Gegenwart, Allgemeingültigkeit

Zeitformen der Vergangenheit verwenden

Seite 20

1 a) Sophie Scholl (1921–1943) ~~ist~~/war eine der bekanntesten deutschen Widerstandskämpferinnen in der Zeit, als sich Hitler an der Macht ~~befindet~~/befand. Zusammen mit ihrem Bruder Hans ~~wehrt~~/wehrte sie sich gegen eine Regierung, die es den Menschen ~~verbietet~~/verbot, offen ihre Meinung zu sagen; die den 2. Weltkrieg angezettelt ~~hat~~/hatte und viele ihrer Bürger in Konzentrationslagern ~~umbringt~~/umbrachte. Sophies Widerstandsgruppe ~~heißt~~/hieß die „Weiße Rose". Die Nazis ~~finden~~/fanden heraus, dass die Geschwister Flugblätter ~~verteilen~~/verteilten – und ~~lassen~~/ließen die beiden hinrichten. Viele Straßen- und Schulnamen erinnern/~~erinnerten~~ heute an ihren Mut.

b) war, befand, verbot, umbrachte, hieß, fanden, ließen

2 schlossen, gingen, befahl, machte, forderte, wurde, zerriss, befahl, schob, ließ, schmunzelte

Seite 21

3 a) Sarah hat für einen Wettbewerb eine Fotogeschichte erarbeitet. Es geht um ein Mädchen, das nachts in eine Wohnung einbricht und erwischt wird. „Ich habe mir dieses Thema ausgedacht, weil ich gerne etwas machen wollte, was im Dunkeln spielt", sagt Sarah. „Eine Freundin und ihre kleine Schwester haben mir geholfen. Wir haben uns bei mir zu Hause getroffen und überlegt, wie die Szenenabfolge sein sollte. Dann ging es los, immer abwechselnd hat eine von uns fotografiert. Vor den Blitz vom Fotoapparat haben wir immer etwas gehalten, damit es wie richtige Dunkelheit aussieht. Ein Filmstudent hat mir noch ein paar Tipps gegeben, was ich besser machen kann."

b) „Ich *habe* mich für das Thema *interessiert*, weil ich etwas im Dunkeln fotografieren wollte. Meine Schwester und eine Freundin *sind* mir dabei zu Hilfe *gekommen*. Immer abwechselnd *ist* eine von den beiden hinter die Kamera *getreten*."

4

haben	sein
sie hat gesungen	es ist gesunken
ich habe geantwortet	du bist gefahren
ihr habt gesprochen	wir sind gelaufen
ich habe genommen	sie sind gestorben

Seite 22

5 a) Jahrhundertelang waren Bemühungen, im deutschen Sprachraum eine einheitliche Rechtschreibung zu schaffen, am Fehlen einer übergeordneten Behörde gescheitert.

b) Die Veröffentlichung des ersten „Dudens" im Jahr 1880 war ein wichtiger Schritt gewesen, wonach im Juni 1901 schließlich die Veröffentlichung der deutschlandweit gültigen Orthografie-Regeln folgte.

c) Der Satz ist inhaltlich logisch, weil die *erste* Handlung *abgeschlossen* ist, bevor die *zweite* Handlung beginnt. Erkennbar ist das am Signalwort *wonach*.

6 Zur Durchsetzung einer gültigen deutschen Rechtschreibung *bildete* man eine allgemeine Konferenz, nachdem Konrad Duden schon Regeln *entworfen hatte*.
Zahlreiche Schüler *ärgerten* sich über die vielen Regeln. Sie *hatten* sich zuvor an eigene Schreibungen *gewöhnt*. Bevor man eine vereinbarte Schreibweise der Wörter *einführte*, *hatte* es viele Verständnisprobleme beim Drucken von Handschriften *gegeben*.

Zeitformen der Zunkunft verwenden

Seite 23

1 Morgen *werden* wir sicher mit allem fertig *sein*.
Nachher *wird* wahrscheinlich die Lieferung Fußbälle *kommen*.
Im nächsten Jahr *wirst* du zum Schüleraustausch nach Schweden *fahren*.

2 Sie drückt aus, dass ein Geschehen in der Zukunft abgeschlossen sein wird.

3 Heute scheint der Vollmond. *Werde* ich gut *schlafen* können oder werde ich am Ende der Nacht ein Buch *gelesen haben*?
Die Nationalmannschaft ist zurzeit Weltmeister. Werden sie den Titel *verteidigen können* oder *werden* wir am Schluss umsonst die Daumen *gedrückt haben*?
Ich fahre jetzt ins Schwimmbad. Werden dort genügend Schattenplätze vorhanden *sein* oder *werde* ich einen Sonnenschirm *vermisst haben*?

Seite 24

1 a) und b)

Wunsch	Empfehlung	Erlaubnis
möchten	sollen	dürfen

Gebot	Möglichkeit
müssen	können

2 Ich *kann* leider nicht zu deinem diesjährigen Geburtstagsfest kommen. (Möglichkeit)
Man *sollte* sich nach dem Verzehr von Süßem die Zähne gründlich putzen. (Empfehlung)
Sie *muss* zu jedem Training an ihre Fußballschuhe denken. (Gebot)
Er *darf* nächste Woche erstmals am Trampolintraining teilnehmen. (Erlaubnis)
Wir *möchten* bei der Grillmeisterschaft im Freien nicht nass werden. (Wunsch)

Aktiv und Passiv unterscheiden

Seite 25

1 a) werden abgespült und geschnitten, werden püriert, wird gegeben und eingefroren, werden gestellt, wird durchgemixt und gefüllt

b) Anschließend koche ich zwei Teelöffel Waldbeeren …
Der Satz wirkt persönlicher, weil ich als Person genannt werde.

2 a) ⬈ s. Tabelle unten

b) Passivsatz: Aus dem Subjekt des Aktivsatzes wird ein *Objekt*. Das Subjekt des Aktivsatzes rückt im Passivsatz *nach hinten* und könnte auch *weggelassen* werden.

Seite 26

3 Ich schlage die Eier in die Schüssel und würze sie. Ich gieße das Gemisch in eine Pfanne mit Butter. Die Eier werden so lange gebraten, bis sie stocken. Ich bestreue die Rühreier mit Petersilie und serviere sie heiß zu Brot.

4

Präsens	Präteritum	Perfekt
du wirst gehört	du wurdest gehört	du bist gehört worden
ich werde entdeckt	ich wurde entdeckt	ich bin entdeckt worden
er wird gezwungen	er wurde gezwungen	er ist gezwungen worden

Aktiv	Passiv
Ich vermenge alle Zutaten.	Alle Zutaten werden (von mir) vermengt.
S P O	S (O) P

Tabelle zu Seite 25, Aufgabe 2 a)

5 Eine Fischfangflotte fängt die Krabben täglich in der Nordsee. Sie zieht dazu die Fangnetze mit viel Motorkraft langsam durch den Schlick am Grund. Noch an Bord werden die mitgefangenen Fische aussortiert und zurück ins Meer geworfen. Dann wird der Fang noch lebend in Fischfabriken gebracht. In manchen Fabriken trennen dann hiesige Arbeiter die Tiere von ihrem Panzer. Öfter jedoch werden die Krabben eingefroren und bis nach Afrika verschifft, wo sie durch billigere Arbeitskräfte enthäutet werden. So werden die schmackhaften Schalentiere schon länger herumkutschiert, als man erwartet.

Konjunktivformen verwenden

Seite 27

1 a) und b)

Ich habe nämlich sehr gute Laune.
→ benennt einen Vorgang, der tatsächlich geschieht oder geschehen ist.

Man hat mir aber gesagt, dass sich das nicht gehöre.

→ gibt die Aussage eines anderen wieder

Ich würde natürlich normal gehen, wenn ich auf einen Polizisten träfe.

→ drückt eine Möglichkeit aus

2 a) und b) Neueste Meldung: Es gibt mal wieder Verkehrsprobleme in Hamburg. Ein Polizeisprecher teilt mit, ein Königspinguin blockiere durch aufgeregtes Hin- und Herwatscheln den Elbtunnel. Man könne ihn nicht überholen, daher entstände gerade ein Stau.

c) Der Reporter teilt mit: „Ein Köningspinguin blockiert durch aufgeregtes Hin- und Herwatscheln den Elbtunnel. Man kann ihn nicht überholen, daher entsteht gerade ein Stau."

Seite 28

2 d) Der Reporter fragte den Polizisten, wie er das Problem gelöst habe. Der Polizist antwortete, er habe den Pinguin fangen können.
Der Reporter fragte den Polizisten, wie es ihm gelungen sei. Der Polizist antwortete, er wisse, dass sie Makrelen liebten.
Der Reporter fragte den Polizisten, was die Autofahrer gemacht hätten. Der Polizist antwortete, sie hätten gelacht und geklatscht. Keiner sei böse gewesen.

3 a) und b)

Ich würde dir gerne helfen.	Wunsch
Hättest du Zeit, würde es klappen.	Möglichkeit
Er hätte in Notwehr gehandelt, hieß es.	Zweifel
Wenn ich doch hellsehen könnte!	Wunsch
Es wäre herrlich, jetzt Sommer zu haben.	Wunsch
Ich könnte gleich einen Kuchen backen.	Möglichkeit

Teste dich – Mit Verben umgehen

Seite 29

1 a) „Clara *ist* vorhin etwas Komisches *passiert*. Sie ist die Rathausstraße entlang *spaziert*. Dabei *hat* sie eine Gruppe in einem Hof *entdeckt*. Alle Mitglieder *waren* mit Leinen und Netzen *ausgestattet* und standen vor einem Keller. Das *hat* Clara *verwundert* und sie *hat beschlossen*, sie zu beobachten. Etwas später *ist* eine Hälfte der Gruppe hinunter in den Keller *gerannt*, die anderen folgten einzeln. Clara *hat* dann bei der Polizei *angerufen* und erfahren, dass ein Waschbär aus dem Zoo *entlaufen war*."

b) Perfekt und Plusquamperfekt

2	Infinitiv	Präteritum	Perfekt	Infinitiv	Präteritum	Perfekt
	schreiben	schrieb	geschrieben	reiben	rieb	gerieben
	klingen	klang	geklungen	singen	sang	gesungen
	schließen	schloss	geschlossen	gießen	goss	gegossen
	springen	sprang	gesprungen	fahren	fuhr	gefahren

3 Wir werden gebracht.
Passiv
Er wird fotografiert.
Passiv
Sie werden gespielt haben.
Futur
Wir werden es
überstehen. **Futur**

Du wirst sehen.
Futur
Sie wird laufen.
Futur
Ich werde gesehen.
Passiv
Sie wird es
erreichen. **Futur**

**Auswertung der Testergebnisse –
Mit Verben umgehen**

1 und 2 pro richtiger Antwort 1 Punkt

3 für jedes richtig gesetzte Kreuzchen 0,5 Punkte

31–24 Punkte
Mit Verben und seinen Zeitformen kannst du
schon ziemlich sicher umgehen. Weiter so!
Damit sich dein Wissen und Können festigt, übe
weiter auf S. 30.

23–15 Punkte
Du bist schon recht sicher. Wiederhole noch
einmal die Bildung der Zeitformen auf den S. 17
bis 23. Übe weiter auf S. 30.

14–0 Punkte
Du musst noch einmal üben, wie man die
unterschiedlichen Zeitformen bildet und wann
man sie verwendet. Sieh dir noch einmal die
entsprechenden Bereiche des Kapitels an.
Bearbeite anschließend die Übungen ab S. 30.

**Wiederholen und Vertiefen –
Mit Verben umgehen**

Seite 30

1 Auch Kühe haben Träume. Die Kuh Yvonne aus
dem österreichischen Innkreis zum Beispiel
träumte wohl von der großen Freiheit. Sechs
Jahre *stand* sie im Stall, *gab* Milch, *gebar* Kälbchen und *tat* auch sonst, was man von ihr
erwartete. Brav *war* die Kuh, doch dann *kaufte* sie
ein bayerischer Bauer. Der *stellte* sie auf eine
Waldweide und da *war* Yvonne plötzlich gar
nicht mehr brav. Sie *büxte aus*. Die Aussicht auf
ein Leben im Wald *verlockte* sie zu sehr. Seither
lebt sie in Freiheit.

2 a) und b)

unregelmäßige Verben		regelmäßige Verben	
sie stand	hat gestanden	sie träumte	hat geträumt
sie gab	hat gegeben	man erwartete	hat erwartet
sie gebar	hat geboren	er stellte	hat gestellt
sie tat	hat getan		
sie war	ist gewesen		

3 a) A K U L E S E N D F K N P Q U M
R I E C H E N D V E L A C H E N D D G W I
K O P I E R E N D S T U V I B R I E R E N D J Z
W F L I E G E N D T W E R O
T U T R E I T E N D L U G S P E I E N D K U M
S U C H E N D I F P A U K R T

b) gelesen, gerochen, gelacht, kopiert, vibriert,
geflogen, geritten, gespien, gesucht

Seite 31

4 Sie haben die Hausaufgaben gar nicht verstanden.
Tief gebeugt ist er durch den Park geschlichen.
Gemächlich sind wir den Strand hinuntergeschlendert.

5 Er *schuf* eines der berühmtesten Gemälde der Welt: die Mona Lisa. Man *kann* es heute im Louvre betrachten. Aber Leonardo *war* nicht nur Maler, sondern auch Bildhauer, Architekt, Erfinder und Naturforscher. Er *fand*, dass alles *zusammengehört*: die Wissenschaft, die Natur und die Kunst. Auf die Welt kam Leonardo vor 650 Jahren in dem kleinen italienischen Dorf Vinci, daher auch sein Name: „da Vinci".
Das *bedeutet* von oder aus Vinci. Schon als kleiner Junge *verblüffte* er die Leute mit seinen Zeichnungen. Sein Vater *schickte* ihn zum besten Maler des Ortes in die Lehre. Es *dauerte* nicht lange, da *malte* Leonardo besser als sein Lehrer. Außerdem *konstruierte* er Brücken, Druckerpressen, Windmühlen und sogar Flugzeuge, die Vorbilder für heutige Technik *wurden*.

Übungen – Mit Adjektiven umgehen

Seite 32

1 *Traumhafte* Reisen mit den *besten* Freunden!
In der *atemberaubenden* Natur der Alpen erwartet euch ein *buntes* Freizeitprogramm: *spannende* Sportturniere, *gemütliche* Reitausflüge übers Land, *nächtliche* Wanderungen mit Fackeln, *tolle* Partys in unserer Disko. Wir bieten ein *riesiges* Sportgelände mit *beheiztem* Swimmingpool, einen *großen* Kletterturm, einen Computerraum und ein eigenes Kino. Das ist doch wesentlich *interessanter* als mit den Eltern in den Urlaub zu fahren, oder? Dieser Urlaub wird bestimmt ein *unvergessliches* Erlebnis!

2 Mit Adjektiven können *Eigenschaften* von etwas oder jemandem *genauer* und *anschaulicher* beschrieben werden. Adjektive schreibt man *klein*. Sie stehen meist *vor* dem Nomen. Adjektive kann man *steigern*, z. B. schön, schöner, am schönsten.

3 gut, besser, am besten

Mit Adjektiven vergleichen

Seite 33

1 Grundform mit Vergleichswort	Komparativ mit Vergleichswort	Superlativ
so viele wie	mehr als	am meisten
so gut wie	besser als	am besten
so preiswert wie	preiswerter	am preiswertesten
so billig wie	billiger als	der billigste
so breit wie	breiter als	das breiteste
so teuer wie	teurer als	die teuerste
so lieb wie	lieber als	am liebsten

Teste dich – Mit Adjektiven umgehen

Seite 34

1 wundervolle, fußgängerfreundlichen, schönen, modernen, historischen, große, süße, fantastische, schönen, wahre, gastfreundliche, sprudelnden

2 a) höher, Am höchsten

b) kleiner, kleinste

c) viele, mehr, meisten

d) älteste

Auswertung der Testergebnisse – Mit Adjektiven umgehen

1 und 2 pro richtiger Antwort 1 Punkt

20–16 Punkte
Mit Adjektiven kannst du schon ziemlich sicher umgehen. Damit sich dein Wissen und Können festigt, übe weiter auf S. 35.

15–10 Punkte

Beim Umgang mit Adjektiven kannst du schon einiges. Wiederhole noch einmal die Bildung der Steigerungsformen auf S. 33. Übe weiter auf S. 35.

9–0 Punkte

Adjektive sinnvoll zu verwenden und richtig zu steigern, fällt dir noch schwer. Sieh dir noch einmal das Kapitel an und schlag auch auf der Strategieseite nach, wie du diese Wortart erkennst. Bearbeite anschließend die Übungen auf S. 35.

**Wiederholen und vertiefen –
Mit Adjektiven umgehen**

Seite 35

1 Der Urlaub in einem Hotel kann so preiswert sein *wie* ein Urlaub auf einem Campingplatz mit einem Wohnmobil. Er ist jedoch teurer *als* der Aufenthalt in einem Zelt. Der Urlaub auf den Malediven ist selbstverständlich sehr viel teurer *als* im Bayerischen Wald, jedoch nicht viel teurer *als* eine Weltreise. Ein Urlaub in heimatlichen Gefilden ist billiger *als* der Aufenthalt im Ausland. Den meisten allerdings bereitet ein Aufenthalt außerhalb der eigenen vier Wände mehr Spaß *als* der „Urlaub auf Balkonien".

2 beste, spannendste, am mutigsten, interessanteste, schönste, berühmteste, leckersten, wichtigste

Übungen – Mit Präpositionen umgehen

Seite 36

1 a) *So könnte deine Lösung lauten:*
Einer steht **neben** der Litfass-Säule. Einer sitzt **auf** dem Autodach. Einer versteckt sich **hinter** der Gardine. Einer ist **über** ihm und fotografiert aus dem Fenster. Einer läuft **vor** dem Hund weg. Einer liegt **unter** dem Auto.

b) Dativ

Die richtigen Präpositionen verwenden

Seite 37

1 a) linke Spalte: mit, nach, seit, um, durch, Für
rechte Spalte: gegen, um, ohne, bei

b) Präpositionen, auf die der Dativ folgt: nach, seit, bei
Präpositionen, auf die der Akkusativ folgt: um, durch, für, gegen, um, ohne

2 hängt – an, steht – auf, setzt – an, sitzt – auf, stellt – in, steht – im

Teste dich – Mit Präpositionen umgehen

Seite 38

1 a) und b) an die (Akk.), in der (Dat.), an der (Dat.), an die (Akk.), in das (Akk.), in dem (Dat.), durch die (Akk.), in der (Dat.), hinter das (Akk.), im (Dat.), durch die (Akk.), in der (Dat.)

2 a) und b) von, auf, auf, auf, auf, in, an, in, zum, in, für, aus, über

**Auswertung der Testergebnisse:
Mit Präpositionen umgehen**

1 a) pro richtiger Antwort 0,5 Punkte

b) pro richtiger Antwort 1 Punkt

2 pro richtiger Antwort 1 Punkt

26–20 Punkte

Mit Präpositionen kannst du ziemlich sicher umgehen. Übe weiter auf S. 39.

19–14 Punkte

Das war schon mal ganz gut. Wenn du Schwierigkeiten mit den Wechselpräpositionen hattest, sieh dir noch einmal die S. 37 an. Festige dein Wissen und Können und übe weiter auf S. 39.

13–0 Punkte

Präpositionen richtig zu verwenden bereitet dir noch Schwierigkeiten. Sieh dir noch einmal das ganze Kapitel und besonders die Merkkästen an. Übe dann weiter auf der S. 39.

Wiederholen und vertiefen –
Mit Präpositionen umgehen

Seite 39

1 a) und b) Um sicher über *Eis und Schnee* zu kommen, gibt es schon seit *langer Zeit* eine sinnvolle Erfindung: den Schneeschuh! Von *wem* er erfunden wurde, ist unbekannt, ebenso, seit *wie vielen Jahren* er schon den Menschen hilft. Der griechische Historiker und Philosoph Strabon schrieb im *ersten Jahrhundert* vor Christus, dass die Einwohner des Kaukasus-Gebiets flache Lederflächen benutzten, um im Winter nicht in Schneestürmen zu versinken, und dass Armenier auf *runden Holzflächen* liefen.

2 im Winter, im hohen Norden, Zum Süden, beim Indianervolk, Ins ferne Europa

Übungen – Mit Satzgliedern umgehen

Seite 40

1 a) und b)

Für rot (Subjekt) =

viele Kinder und Erwachsene;

für gelb (Prädikat) = lesen

2. Ihre Abenteuer lesen noch heute viele Kinder und Erwachsene.

3. Mit 20 Jahren arbeitete Mark Twain auf einem Schiff.

4. Sein Schriftstellername entstammt der Sprache der Seeleute.

5. Lebendig beschreibt der Autor dem Leser die Erlebnisse der beiden Jungen.

c)

Dativ-Objekt	Akkusativ-Objekt	Adverbial-bestimmung
der Sprache	die Helden Tom und Huck	noch heute
der Seeleute	ihre Abenteuer	auf einem Schiff
dem Leser	die Erlebnisse der beiden Jungen	mit 20 Jahren
		lebendig

d) *So könnte deine Lösung lauten:*
1. Die Helden Tom und Huck erfand der US-Autor Mark Twain.
2. Noch heute lesen ihre Abenteuer viele Kinder und Erwachsene.
3. Auf einem Schiff arbeitete Mark Twain mit 20 Jahren.
4. Der Sprache der Seeleute entstammt sein Schriftstellername.
5. Der Autor beschreibt dem Leser lebendig die Erlebnisse der beiden Jungen.

Satzglieder ersetzen

Seite 41

1 a) Plötzlich kommen *drei Männer. Indianer Joe* **öffnet** *mit dem Dorfarzt Robinson ein Grab. Die zwei Männer* **legen** *den Leichnam auf die Schubkarre. Indianer Joe* **verlangt** *mehr Geld von dem Landstreicher Muff Potter. Im Kampf* **ersticht** *Indianer Joe den Doktor mit dem Messer des bewusstlosen Potter.*

b) Fehlt in einem Satz das *Prädikat*, dann wird die ganze Satzaussage unverständlich.

2 a) und b)
Ergänzungen bei Toms Aussagen: öffneten, stahlen; zog; erstach
Was machten sie mit dem Grab und dem Leichnam?
Was machte der Indianer mit dem Messer?
Was machte er damit?

Das mehrteilige Prädikat erfragen

Seite 42

1 a) bespitzelt, kennt, genannt, zittern, heißt, entwendet, verhaftet (werden), verratet

b) Prädikate können aus mehreren Teilen bestehen.

c)

einteilige Prädikate	zweiteilige Prädikate
kennt	wird genannt
zittern	hatte entwendet
heißt	wird verhaftet (werden)
verratet	

Objekte erfragen

Seite 43

1 a) und b)

Dativ-Objekt	Akkusativ-Objekt	Präpositional-Objekt
Muff Potter	sein Schweigen	vor Joe
dem Galgen	das Leben	an ihm
dem gefährlichen Mann	Geld	nach einem Schatz
	alle Goldstücke	auf Indianer Joe und einen Komplizen
	beide Verbrecher	auf eine Truhe mit Münzen

2 sich fürchten vor dem Feuer, sich erinnern an ein Versprechen, sich freuen über ein Geschenk, achten auf ein Hindernis, sich interessieren für ein Buch, denken an ein Gesicht

Adverbialbestimmungen erfragen

Seite 44

1 a) Die Adverbialbestimmungen fehlen, so sind die näheren Umstände der Verabredung (wann, wo etc.) nicht bekannt.

b) Liebste Becky, unser Treffen müssen wir auf Samstag verschieben. Wir sehen uns um Mitternacht. Warte vor dem Eingang der Höhle auf mich und verhalte dich ruhig! Wir dürfen wegen Indianer Joe niemandem von unserem Plan erzählen. Dein Tom.

2 a) und b)

Temporaladverbiale	Wann?	auf Samstag, um Mitternacht
Lokaladverbiale	Wo?	vor dem Eingang der Höhle
Modaladverbiale	Wie?	ruhig
Kausaladverbiale	Warum?	wegen Indianer Joe

Seite 45

3 a) und b)

2. Wie betraten Tom und Becky die Höhle?	voller Spannung	4
3. Wo irrten sie (hindurch)?	durch das riesige Höhlensystem	2
4. Wie trafen sie auf Indianer Joe?	unerwartet	4
5. Wann erkannte er sie nicht?	in der Dunkelheit	1
6. Warum hatte Tom ein Messer mitgenommen?	aus Angst	3
7. Wann wollten sie es verwenden?	bei Lebensgefahr	1

4 Tom und Becky fanden nach langem Suchen (**Adverbialbest. der Zeit**) einen Weg ins Freie. Richter Thatcher ließ aus Sorge vor weiteren Unglücken (**Adverbialbest. der Art und Weise**) den Eingang verschließen. Später (**Adverbialbest. der Zeit**) wird der Verbrecher Joe tot in der Höhle (**Adverbialbest. des Ortes**) gefunden. Verzweifelt (**Adverbialbest. der Art und Weise**) hatte er versucht die Tür zu öffnen. Aber er hatte es nicht geschafft und war kläg-

lich (**Adverbialbest. der Art und Weise**) verhungert. Tom hatte auch den Schatz entdeckt,
den Indianer Joe in der Höhle (**Adverbialbest.
des Ortes**) versteckt hatte. Tom und Huck
teilten ihn gerecht (**Adverbialbest. der Art und
Weise**). Hätte Indianer Joe überlebt, wäre er
hart (**Adverbialbest. der Art und Weise**)
bestraft worden. Nach diesem gefährlichen
Abenteuer (**Adverbialbest. der Zeit**) wurde
Huck von einer Witwe adoptiert. Aber er lebt
lieber frei und ungebunden (**Adverbialbest.
der Art und Weise**) und flieht.

Das Attribut als Satzgliedteil erkennen

Seite 46

1 hoffnungslosen, fabelhafte, durchdringenden,
des Künstlers, leichtem, schmalen, des Gartenzauns, behutsamer, von tausend Jungen,
Tante Pollys

2 a) des Gartenzauns, von seinen Freunden,
fabelhaft

b) Tom streicht die Holzlatten **des Gartenzauns**. (2)

Kaum einer **von seinen Freunden** beneidete
Tom. (2)

Tom hatte eine **fabelhafte** Idee. (1)

3 mit dem **durchdringenden** Blick **des Künstlers**

über die **schmalen** Holzlatten **des Gartenzauns**

Seite 47

4 als Adjektive: gut erhaltenen, tote
als Nomen mit Präposition: samt einer Schnur
als Nomen im Genitiv: Toms Verhalten, zahlreicher Jungen, Tante Pollys

5 Am Ende des Tages (grün unterstrichen) besaß
Tom zwölf Murmeln, ein Stück von einer Mundharmonika (blau unterstrichen), einen Scherben
blaues Flaschenglas (grün unterstrichen), einen
Glasstöpsel von einer Karaffe (blau unterstrichen), ein einäugiges (rot unterstrichen) Kätzchen, einen Türgriff aus Messing (blau unterstrichen) und einen verrotteten alten (rot

unterstrichen) Fensterrahmen. Tom hatte die
ganze (rot unterstrichen) Zeit gefaulenzt und
eine Menge Gesellschaft (blau unterstrichen)
gehabt – und den Zaun bedeckte eine dreifache
(rot unterstrichen) Schicht Farbe!

6 a) Die Neugier zahlreicher Jungen weckte Toms
Verhalten.
Einen gut erhaltenen Drachen bot Billy
Fisher an.

b) Attribute sind Teile eines *Satzgliedes* und
lassen sich nur *zusammen mit diesem* umstellen.

Teste dich – Mit Satzgliedern umgehen

Seite 48

1 A | Ein paar Jahre später | | schrieb |
Adverbialbestimmung der Zeit   Prädikat

| der US-Autor Mark Twain |
Subjekt

| eine Fortsetzung der Abenteuergeschichten |.
Akkusativ-Objekt (*mit nachgestelltem Attribut*)

B | Alltagssprache und kraftvolle Worte |
Subjekt

| hatten | | dem Roman |
Prädikat   Dativ-Objekt

| einen lebendigen Stil |
Akkusativ-Objekt (*mit vorangestelltem Attribut*)

| verliehen |.
Prädikat (Forts.)

2 a) und b)
   (1) in Amerika = Adverbialbestimmung des
       Ortes
   (2) aus Angst vor Indianer Joe = Adverbial-
       bestimmung des Grundes
   (3) wegen ihres Leichtsinns = Adverbial-
       bestimmung des Grundes
   (4) nach Tagen = Adverbialbestimmung der Zeit
   (5) mit Tränen in den Augen = Adverbial-
       bestimmung der Art und Weise
   (6) aus Erleichterung = Adverbialbestimmung
       des Grundes

3 Mark Twain schrieb 1876 „Die Abenteuer *des Tom Sawyer*". Dieser *berühmte* Roman zählt zu den Klassikern *der Jugendliteratur*, es spricht aber auch das *erwachsene* Leserherz an. Durch die Verwendung von *Alltagssprache und kraftvollen Worten* stellte es ein Gegenkonzept zu den Kinderbüchern *über brave Kinder* dar.

Auswertung der Testergebnisse – Mit Satzgliedern umgehen

1 pro richtiger Einrahmung + pro richtiger Bezeichnung 1 Punkt

2 a) pro richtiger Unterstreichung 1 Punkt

  b) pro richtiger Bezeichnung 1 Punkt

3 pro richtiger Antwort 1 Punkt

36–26 Punkte
Du hast gefestigte Kenntnisse bei der Bestimmung der Satzglieder. Die Bearbeitung der Aufgaben auf S. 49 fällt dir sicher leicht. Du solltest deshalb anschließend auf S. 50 überprüfen, ob du deine Grammatikkenntnisse auch stilistisch einsetzen kannst.

25–17 Punkte
Du besitzt grundlegendes Wissen zu den Satzgliedern. Möglicherweise erkennst du nicht sicher die Adverbialbestimmungen und beherrschst noch nicht alle Fachausdrücke. Wiederhole in diesem Fall die Übungen S. 44 und 45. Falls du bei Aufgabe 1 im Test einige Satzglieder nicht richtig bestimmt hast, betrachte noch einmal die Übungen auf S. 42 und 43. Übe weiter auf S. 49.

16–0 Punkte
Die Bestimmung der Satzglieder bereitet dir noch Schwierigkeiten. Beginne noch einmal mit den Grundlagen auf S. 40. Du kannst dir zusätzlich auf S. 11 noch einmal einen Überblick über alle Satzglieder verschaffen. Bearbeite anschließend die Übungen auf S. 49.

Wiederholen und vertiefen – Mit Satzgliedern umgehen

Seite 49

1 a) und b)
Subjekte: Tom, er, ein Junge, Tom, Tante Polly, Tom, der Zaun
Prädikate: kommt heim, muss streichen, vorübergeht, erklärt, hat ausgewählt, streichen, macht, ist gestrichen
Akkusativ-Objekt: den Gartenzaun, mich, die Arbeit, den Zaun
Dativ-Objekt: ihm
Präpositional-Objekt: für die Jungen

2 *So könnte deine Antwort lauten:*
Er trägt eine gestreifte Hose mit Hosenträgern und (er) hat kurze blonde Haare. Ben trägt eine blaue Hose mit zwei Flicken und ein langes, braun gestreiftes Hemd. Er hat braune Haare. Während Tom emsig/konzentriert streicht, schaut Ben neugierig zu. In seiner Hand hält er eine Schnur. Er läuft barfuß und an seinem rechten Fuß sitzt eine Katze. Neben Tom steht der Farbeimer. Weiße Flecken sind in Toms Gesicht und auf seiner Kleidung zu erkennen.

Seite 50

3 a) Samuel Langhorne Clemens war ein amerikanischer Schriftsteller. Er ist unter seinem Pseudonym Mark Twain besser bekannt. Er verbrachte Kindheit und Jugend in einer Stadt am Mississippi. Er reiste später als Journalist und schrieb Reiseberichte. Er verbrachte in New York viele Abende in der Bibliothek. Er verbesserte dort seine mangelhafte Allgemeinbildung. Er besuchte Europa und schrieb über seine Eindrücke ein Buch. Er schilderte darin humorvoll die Eigenheiten der deutschen Sprache.

So könnte deine Antwort lauten:
Der Text klingt eintönig, weil die Satzglieder immer in der gleichen Reihenfolge angeordnet sind.

b) *So könnte deine Antwort lauten:*
Besser bekannt ist er unter seinem Pseudonym Mark Twain. Kindheit und Jugend verbrachte er in einer Stadt am Mississippi. Später reiste er

als Journalist und schrieb Reiseberichte. In New York verbrachte er viele Abende in der Bibliothek. Dort verbesserte er seine mangelhafte Allgemeinbildung. Er besuchte Europa und schrieb über seine Eindrücke ein Buch. Darin beschrieb er humorvoll die Eigenheiten der deutschen Sprache.

4 Tom verlässt nach einer Prügelei mit einem Jungen die Stadt.
Tom soll Tante Pollys Zaun streichen.
Die vorbeikommenden Jungen werden von Tom zuerst ignoriert.
Tom weckt mit einer List die Neugier der Jungen.

Übungen – Sätze unterscheiden

Seite 51

1 a) Es sind 7 Hauptsätze.
Früher setzten sich die Fußballerinnen Mützen auf, denn so schmerzte der Kopfball weniger. Fußball galt als unanständig und gesundheitsschädlich, <u>sodass man den Spaß mit dem Ball für Frauen lange Zeit verbot</u>. Auch der Deutsche Fußballbund (DFB) lehnte den Frauenfußball ab, aber die Damen kickten in privaten Vereinen. 1989 fand die erste Europameisterschaft der Frauen statt, <u>die die deutsche Frauenauswahl gewann</u>. Die Siegerinnen erhielten als Prämie Kaffeetassen mit Untertassen.

b) ⊠ an der Endstellung des Prädikats,
⊠ an den einleitenden Konjunktionen

2 Satzreihe:
- ○ HS, HS
- ○ Konjunktionen sind z. B. *und, oder, aber, denn*
- ○ verbunden durch bei- oder nebenordnende Konjunktionen
- ○ Komma trennt HS und HS (Ausnahme: vor *und* und *oder* kein Komma)

Satzgefüge:
- ○ HS, NS
- ○ NS, HS
- ○ Nebensätze vom Hauptsatz abhängig
- ○ Konjunktionen sind z. B. *weil, dass, als, obwohl*

- ○ eingeleitet durch Relativpronomen oder unterordnende Konjunktionen
- ○ Komma trennt Haupt- und Nebensatz

Positionen der Nebensätze unterscheiden

Seite 52

1 Das Fußballspielen war für Damen verboten, weil es als unanständig und gesundheitsschädlich galt.
Die Damen kickten in privaten Vereinen, obwohl der DFB den Frauenfußball verbot.
Zuerst führte der DFB besondere Regeln ein, nachdem er 1970 das Fußballspielen erlaubt hatte.
Die Spielzeit war verkürzt, um die Kondition der Frauen zu schonen.
Die Frauen erhielten den kleineren Jugendball, da dieser als geeigneter angesehen wurde.
Auch durften die Frauen keine groben Stollenschuhe tragen, damit sie sich nicht verletzen.

2 a) HS, NS   HS (1), NS, HS (2)

b) Um den Anstand zu wahren, trugen Fußballerinnen Röcke über den Sporthosen.
Fußballerinnen trugen, um den Anstand zu wahren, Röcke über den Sporthosen.
Sie mussten auch Hütchen tragen, damit sie weiblicher aussehen.
Damit sie weiblicher aussahen, mussten sie auch Hütchen tragen.

Hauptsätze mit Konjunktionen verbinden

Seite 53

1 Der 15. Geburtstag eines Mädchens ist in Lateinamerika ein wichtiger Tag <u>und</u> (er) wird ausgiebig gefeiert.
Das Fest kostet oft ein Vermögen, <u>trotzdem</u> geben auch ärmere Eltern Geld für ein Abendkleid, einen Fotografen, Galadiner, DJ und Feuerwerk aus.
Die Mädchen freuen sich auf diesen Geburtstag, <u>denn</u> sie werden damit zu jungen Damen.

2 Die Mädchen eines afrikanischen Stammes graben Felder <u>um</u>, die Jungen hüten das Vieh <u>und</u> die älteren Jugendlichen helfen beim Hüttenbau.
Zum Lucia-Fest tragen die schwedischen Mädchen eine Krone mit Kerzen auf dem Kopf, die Jungen gehen als Sternbuben mit einem Papphut, <u>aber</u> einige Jungen bevorzugen eine Krone.
In Indien sind Zahlungen an die Eltern des Bräutigams verboten, dies schreibt das Gesetz vor, <u>trotzdem</u> wird von der Braut ein teures Hochzeitsfest mit zahlreichen Geschenken erwartet.

Hauptsätze mit Adverbien verbinden

Seite 54

1 a) und b)
Der 15. Geburtstag ist für ein Mädchen in Mexiko ein wichtiges Datum,
<u>dann</u> werden sie zu jungen Damen. **[3]**
In China gibt es die „Ein-Kind-Politik",
<u>damit</u> soll die Überbevölkerung bekämpft werden. **[4]**
Nur Jungen bleiben in China bei der Familie und sorgen für die Eltern,
<u>deswegen</u> wünschen sich die Eltern meistens Söhne. **[1]**
Die schwedischen Jungen fanden die Papphüte zum Lucia-Fest öde, so dürfen sie sich heutzutage auch mit einem Kerzenkranz verkleiden. **[2]**
Kein Mädchen und kein Junge sollte vor dem 18. Lebensjahr heiraten müssen,
<u>damit</u> sollen Kinderhochzeiten ausgeschlossen werden. **[4]**

2 Die Grundausbildung bestand vor allem aus sportlichen Wettbewerben und Kampfspielen, **damit (dadurch)** wurden die Jungen auf das Soldatenleben vorbereitet.

Die ersten Jahre verbrachten die Jungen und Mädchen im elterlichen Haus, **danach (dann)** übernahm die Ausbildung der Staat.
Die Jungen sollten lernen, Strapazen zu ertragen, **deshalb (deswegen)** waren Lesen und Schreiben nicht so wichtig.
Die Mädchen sollten sich vor allem auf ihre Funktion als Mutter vorbereiten, **dennoch** sollten auch die Mädchen ihren Körper hart trainieren.
Wie die Jungen übten auch die Mädchen sich im Ringkampf, Lauf und Speerwerfen, **deswegen (deshalb)** wurde ihre Kraft in ganz Griechenland bewundert.

Teste dich – Sätze unterscheiden

Seite 55

1 Mit einem Kautschukball, den sie auf ein Steintor zielten, schossen die Maya-Frauen in Mexiko vor über 3000 Jahren. HS, NS, HS
In China beteiligten sich vor über 2000 Jahren schon Frauen an Ballspielen, die dem heutigen Fußballspiel ähneln. HS, NS
Weil auf alten Wandmalereien Ball spielende Frauen zu sehen sind, wissen wir dies. NS, HS
Die Engländerinnen spielten, damit sich die Männer nicht empörten, anfangs noch mit hosenähnlichen Ballonröcken. HS, NS, HS

2 Viele kritisierten, weil sie eine Vermännlichung der Frau befürchteten, den Frauenfußball.
Weil sie eine Vermännlichung der Frau befürchteten, kritisierten viele den Frauenfußball.
Man gründete, nachdem sich die Frauen bei der ersten WM so blamiert hatten, eine Frauen-Nationalmannschaft.
Man gründete eine Frauen-Nationalmannschaft, nachdem sich die Frauen bei der ersten WM so blamiert hatten.

3 Ein normales Familienleben gab es in Sparta nicht, <u>denn</u> der Staat erzog die Jugendlichen.

Die jungen Spartaner erlernten keinen Beruf, <u>sondern</u> wurden auf ihre Funktionen als Soldat bzw. Mutter vorbereitet.
Die Jungen durften ihre Nahrungsmittel stehlen, <u>aber</u> sie durften sich nicht erwischen lassen.

**Auswertung der Testergebnisse –
Sätze unterscheiden**

1 pro richtig gesetztem Komma + pro richtig erfasstem Satzmuster 1 Punkt

2 pro Umstellung 2 Punkte

3 pro richtig formulierter Satzreihe 2 Punkte

24–20 Punkte
Sehr schönes Ergebnis. Die Bearbeitung der Aufgabe auf S. 56 dient der Festigung deiner Kenntnisse. Die beiden Aufgaben auf S. 57 erfordern ein selbstständiges Anwenden deiner Grammatikkenntnisse.

19–15 Punkte
Du weißt schon eine ganze Menge über Haupt- und Nebensätze. Vielleicht hast du die Kommas nicht immer richtig gesetzt, um den Nebensatz abzutrennen. Wiederhole dazu die Aufgaben 1 und 2 auf S. 53. Übe weiter auf S. 56.

14–0 Punkte
Zuerst solltest du dir auf S. 8 mit Hilfe der Checkliste die Merkmale von Haupt- und Nebensatz verdeutlichen. Gehe dann das Kapitel nochmal durch und achte auf die Merkkästen. Besonders die Übungen auf den S. 52 und 53 solltest du dir noch einmal vornehmen. Übe dann weiter auf S. 56.

**Wiederholen und vertiefen –
Sätze unterscheiden**

Seite 56

1 Im März gründete Lotte Specht, die damals erst 19 Jahre war, den ersten Damenfußballverein. Der 1. DFC Frankfurt wurde bereits 1931 aufgelöst, weil der DFB die Aufnahme verweigerte. In der Zeit des Nationalsozialismus sollte die deutsche Frau, damit sie ausschließlich für ihre Familie sorgen konnte, nicht gegen den Ball treten.

Obwohl der Frauenfußball auch nach 1945 wenig angesehen ist, gründen sich erste Teams und Vereine.
1955 beschließt der DFB das Verbot des Frauenfußballs, das aber von den Frauen nicht beachtet wird.
Das Frauenteam des SC Bad Neuenahr reist, weil es keine Nationalmannschaft gibt, zur ersten Frauenfußball-WM in Italien an.

Seite 57

2 Das Halbfinale wird zum ersten Mal live übertragen, <u>als</u> 1989 die Frauen-EM stattfindet. <u>Nachdem</u> das Team in der Verlängerung das Golden Goal erzielt hat(te), gewinnt Deutschland die WM 2003 in den USA.
Deutsche Frauen errangen den WM-Titel 2007 in China, <u>ohne dass</u> sie ein Gegentor einsteckten.

3 *So könnte deine Lösung aussehen:*
Nur Jungen durften früher studieren, während Mädchen sich auf die Ehe und Familie vorbereiten sollten. Sie erwarben einen Abschluss in Hauswirtschaft und Handarbeit, deshalb wurde ihr Abschluss als „Pudding-Abitur" bezeichnet. Auch als sie später das Gymnasium besuchten, wurden sie weiterhin getrennt von den Jungen unterrichtet. Heute sind viele Frauen berufstätig, damit sie finanziell unabhängig sind. Frauen können als Pilotin und Männer als Erzieher arbeiten. Obwohl sie heute oft besser ausgebildet sind als Männer, werden sie noch immer schlechter bezahlt.

**Übungen –
Satzgefüge bilden und Kommas setzen**

Seite 58

1 a) und b) Jane Goodall ist eine von drei Frauen, <u>die</u> Langzeitstudien über Menschenaffen begannen. Zuerst arbeitete sie als Sekretärin bei einer Filmfirma, nachdem sie die Handelsschule besucht hatte. Zusätzlich verdiente sie als Kellnerin Geld, damit sie ihre erste

Reise nach Afrika finanzieren konnte. Sie beobachtete wildlebende Schimpansen, weil sie deren Verhalten genauer untersuchen wollte. Sie verstieß gegen die Regeln der Wissenschaft, indem sie den Schimpansen Namen statt Nummern gab. Ihre Aufzeichnungen über das Verhalten der Affen wurden für vermenschlichend gehalten, (so)dass diese nicht veröffentlicht wurden. Sie schrieb ein Buch „Wilde Schimpansen", mit dem sie Weltruhm erlang.

2 Nebensätze, die mit einer unterordnenden *Konjunktion* eingeleitet werden, nennt man *Konjunktionalsätze.* Nebensätze, die mit einem *Relativpronomen* eingeleitet werden, nennt man *Relativsätze.*

Funktionen von Nebensätzen ermitteln

Seite 59

1 a) ⊠ Die Nebensätze geben Zusatzinformationen zum Hauptsatz.
⊠ Die Nebensätze geben einen Grund an.

b) B Warum konnte sie nach Afrika reisen? →
weil sie genug Geld verdient hatte

2 1. <u>Warum</u> interessierte sie sich für wild lebende Affen?
2. <u>Wie</u> lernte sie deren Gestik und Mimik zu deuten?
3. <u>Wozu</u> brechen Schimpansen Zweige ab?
4. <u>Seit wann</u> hält sie viele Vorträge?

Seite 60

3 a) und b)

Damit sie ihre erste Afrikareise finanzieren konnte, verdiente sie als Kellnerin Geld.

Indem sie wild lebende Affen beobachtete, gelangte sie zu neuen Erkenntnissen.

Nachdem sie in Afrika war, ging Jane Goodall für einige Jahre an die Universität.

Weil sie sich unermüdlich für die Tiere einsetzte, erhielt Jane Goodall weltweit große Anerkennung.

Seite 61

5 a) Während Goodall die Schimpansen beobachtet, stellte sie folgende Verhaltensweisen fest:
Schimpansen brechen Zweige ab, <u>sodass</u> sie mit ihnen Termiten aus Löchern angeln können.
<u>Indem</u> die Affen Steine als Hammer verwenden, sprengen sie Nussschalen.
Sie gehen gemeinsam auf Jagd, <u>damit</u> sie sich besser verteidigen können.
Die Schimpansen sind „Allesfresser", <u>da</u> sie auch Fleisch fressen.
Weil Wilderer die Affen jagen, könnten diese bald aussterben.

b) Temporalsatz: *als, während*
Finalsatz: *damit*
Kausalsatz: *da, weil*
Modalsatz: *indem*

Seite 62

6 a) Temporalsatz, Finalsatz, Modalsatz, Kausalsatz, Kausalsatz

b)
<u>Nachdem</u> der Film „Gorillas im Nebel" ausgestrahlt worden war, wurde Dian Fossey als Retterin der Berggorillas weltberühmt.
Sie musste sich an das Leben im Dschungel anpassen, <u>damit</u> sie die Affen hautnah beobachten konnte.
Sie lernte vieles über die Gorillas, <u>indem</u> sie mitten unter ihnen lebte.
Eine Fachzeitschrift wurde auf sie aufmerksam, <u>weil</u> diese Forschungsweise neu war.
Man schickte einen Fotografen nach Afrika, <u>weil</u> dieser Fosseys Arbeit dokumentieren sollte.

7 Der Konflikt mit den Wilderern spitzte sich immer mehr zu, <u>sodass</u> Fossey zu immer drastischeren Mitteln greifen musste.
Sie brachte viele Menschen gegen sich auf, <u>weil</u> sie gegen die Wilderer mit brutalen Methoden vorging.
Man wollte ihr kein neues Visum ausstellen, <u>weil</u> sie angeblich den Tourismus störte.
Bis heute rätselt man über die Umstände ihres Todes, <u>nachdem</u> sie 1985 in ihrer Hütte ermordet aufgefunden wurde.

Seite 63

1 Der junge Konrad Lorenz pflegte Tiere, die durch Unfälle verletzt worden waren, wieder gesund.
Über seine Beobachtungen schreibt Lorenz ein Buch, das weltweit Aufsehen erregt.
Jeder Mensch kann die Eltern eines Kükens ersetzen, das frisch geschlüpft ist.
1973 erhielt der Wissenschaftler, der bereits sehr bekannt war, den Nobelpreis.

Seite 64

2 a) und b)

(2) Auf dem Dachboden seines **Elternhauses**, <u>das</u> sich in der Nähe von Wien befand, hielt er Dohlen.

(3) Seine entscheidende Entdeckung gelang Lorenz an seiner **Graugans Martina**, <u>die</u> er als Küken auf sich prägte.

(4) Das **Küken**, <u>das</u> seine Verhaltensweise genau nachahmte, folgte ihm wie einer Mutter.

(5) Neben angeborenen Verhaltensweisen gibt es auch erworbene **Verhaltensmuster**, <u>die</u> in einer bestimmten Lebensphase erlernt werden.

(6) Diese Feststellung bildete die Grundlage für eine neue **Wissenschaft**, <u>die</u> Verhaltensforschung genannt wurde.

3 Er schwamm mit mehreren Küken, **deren** Verhalten er genau studierte.

Er schwamm mit einem Küken, **das** er bereits kannte, durch einen Teich.

Der Verhaltensforscher lebte mit der Entenfamilie, **deren** Mitglieder er genau kannte.

Er lebte mit den Entenfamilien, mit **denen** er viel Zeit verbrachte.

Er lebte mit der Entenfamilie, **die** ihn als „Mutter" akzeptierte.

Lorenz beobachte das Verhalten des Jungvogels, **dessen** Zutrauen er gewann.

Er beobachte das Verhalten des Jungvogels, **der** sehr zutraulich war, genau.

Er beobachte das Verhalten der Jungvögel, **die** sehr zutraulich waren, genau.

Teste dich – Satzgefüge bilden und Kommas setzen

Seite 65

1 Da in Polen Frauen Ende des 19. Jhs. nicht studieren dürfen, geht Marie Curie nach Frankreich und studiert dort Mathematik und Physik. **(Warum?)**

Ihr Mann und sie führen Tag und Nacht Experimente durch, weil sie so besessen von der Wissenschaft sind. **(Warum?)**

Sie experimentieren in einem kleinen, dunklen Raum, um die Radioaktivität näher zu erforschen. **(Wozu?)**

Als sie das bis dahin unbekannte Element Radium entdecken, werden sie 1903 mit dem Nobelpreis für Physik ausgezeichnet. **(Wann?)**

2 Nachdem ihr Mann gestorben ist, arbeitet Marie Curie unbeirrt weiter.
Sie übernimmt seine Stelle, damit sie für sich und ihre Töchter sorgen kann.
Weil es radioaktive Strahlung besitzt, ist Radium für Menschen sehr gefährlich.

3 Im Ersten Weltkrieg entwickelt Marie Curie eine Röntgenstation, die mobil ist.
Sie spendet den Nobelpreis, der hoch dotiert ist.
Sie stirbt an den Folgen des Radiums, das sich in den Knochen angereichert hat.

Auswertung der Testergebnisse – Satzgefüge bilden und Kommas setzen

1 a) pro Unterstreichung und Kommasetzung 2 Punkte

b) pro Nennung des richtigen Fachbegriffs 1 Punkt

2 pro richtige Umformung 2 Punkte

3 pro richtige Umformung 2 Punkte

24–19 Punkte
Gratulation, du bist schon sehr sicher. Die Vertiefung auf S. 67 solltest du unbedingt ausprobieren: Hier sind deine grammatischen Kenntnisse noch einmal gefragt.

18–13 Punkte
Vielleicht musst du die Fachbegriffe für die unterschiedlichen Adverbialsätze noch einmal wiederholen. Aufgabe 3 auf S. 60 bietet sich dafür an. Falls du eher bei den Umformungen in den Aufgaben 2 und 3 im Test Fehler gemacht hast, solltest du dir Aufgabe 4 auf S. 60 und Aufgabe 1 auf S. 63 noch einmal vornehmen. Danach kannst du sicher ohne Mühe die Übungen auf S. 66 machen.

12–0 Punkte
Überlege noch einmal mit Hilfe der Übung auf S. 58, ob du die Merkmale dieser Nebensätze bestimmen kannst. Die Aufgaben 2 auf S. 59 und 6 auf S. 62 helfen dir, Grundkenntnisse zu erwerben.
Bearbeite dann die Übungen auf S. 66.

Wiederholen und vertiefen – Satzgefüge bilden und Kommas setzen

Seite 66

1 a) und b)
<u>Während</u> Darwin die Welt umsegelte, entdeckte er viele Tiere, <u>die</u> bis dahin noch niemand beobachtet hatte.
Im Laufe der Zeit haben sich viele Arten entwickelt, <u>die</u> heute z. T. ausgestorben sind, <u>weil</u> sich deren Umwelt verändert und ihre Lebensbedingungen verschlechtert haben.
Es gab z. B. weniger Futter, <u>sodass</u> nur manche Tiere überlebten, <u>die</u> auch anderes fressen konnten.
Diese Tiere vermehrten sich, <u>sodass</u> nach und nach unterschiedliche Arten entstanden, <u>deren</u> Entwicklung wir heute zurückverfolgen können.
Darwin provozierte die Kirche, <u>die</u> weiterhin am göttlichen Menschenbild festhalten wollte, <u>weil</u> er die Abstammung des Menschen vom Affen nachwies.

Seite 67

2 a) Als Darwin gerade 22 Jahre alt war, begab er sich auf Weltreise.
Während er die Welt fünf Jahre lang umsegelte, stieß er auf eine bisher unbekannte Finkenart.
Nachdem Darwin seine Reise beendet hatte, hatte er eine beachtliche Sammlung zusammengetragen.
Einige Tierarten starben aus und andere überlebten, weil sie sich an die veränderten Umweltbedingungen anpassen konnten.
Nachdem Darwins Buch erschienen war, sorgte es für große Verwirrung.
Da das Weltbild durch die Bibel geprägt war, glaubten alle Menschen bislang an die göttliche Abstammung des Menschen.

Übungen – Zeichen richtig setzen

Seite 68

1 *So könnte deine Lösung lauten:*
Es fehlen die Satzzeichen in der üblichen Schreibung. Dadurch wirkt der Text unübersichtlich und ist nicht so leicht zu lesen.

2 Wassersportler schonen manchmal ...
(Hauptsatz, Nebensatz)
„Sie entfernen sich manchmal ...
(direkte Rede + Redebegleitsatz)
Ein Surfer kontert: „Wenn ...“
(Redebegleitsatz + direkte Rede)
Surfen, Kiten, Wasserski werden ...
(Komma bei Aufzählung)
Kiten gilt als gefährlich, ...
(Hauptsatz, Hauptsatz)
Es gibt, nach vorsichtigen ...
(Satz, Einschub, Satz)

Seite 69

1 a) und b) Auf dem alten, hölzernen, dunkelbraunen Segelschiff wehte die Fahne auf Halbmast. Das Schiff wurde von hohen, peitschenden Wellen wie eine Nussschale durch den Atlantik geschleudert. Sogar die erfahrenen, raubeinigen Seemänner schauderten. Vasco da Gama, der Kapitän, brachte jedoch seine entkräftete und fast verhungerte Mannschaft wieder sicher in den Hafen.

2 a) Im Juli 1497 verließ Vasco da Gama mit mehreren Schiffen Portugal. Das Schiff, auf dem er sich befand, fuhr unter dem Kommando seines Bruders. In der Flotte waren die besten Steuerleute Portugals, denn sie kannten alle Strömungs- und Windverhältnisse bestens. Vasco da Gama segelte durch den Atlantik und er entfernte sich absichtlich von der Küste, um bessere Windverhältnisse zu nutzen. Indem er der afrikanischen Küstenlinie folgte, erreichte er im Frühjahr 1498 die indische Küste. Zum ersten Mal hatte ein europäisches Schiff Indien auf dem Seeweg um Afrika herum erreicht. Das erste Schiff seiner Flotte, das mit kostbaren Gewürzen beladen war, erreichte die Heimat im

Juli 1499. Vasco da Gama, der seine Rückfahrt wegen seines erkrankten Bruders unterbrochen hatte, traf später in Lissabon ein. Dort wurde ihm ein großer Empfang bereitet.

Seite 70

3 Die Matrosen meuterten vor Erschöpfung, aber sie gaben das Schiff nicht auf.
Die Portugiesen waren erfolgreiche Entdecker und waren stolz auf Vasco da Gama.
Die Spanier fuhren nach Süd- und Mittelamerika, denn Hernán Córtez hoffte auf Gold.

4 (2), (3), (5), (1 und 4)

Satzzeichen in der wörtlichen Rede setzen

Seite 71

1 a) Jessica Watson hat als jüngster Mensch die Welt umsegelt. Im Interview erzählt die 17-Jährige von ihrem Abenteuer. Sie trägt Jeans, Ballerinas, ein Täschchen, einen rosa Schal und wirkt zerbrechlich. „Bist du überhaupt stark genug?“, fragt die Journalistin. Jessica hebt ihren Arm, zeigt ihre Muskeln. Sie lacht und sagt: „Natürlich bin ich stark!“

b) „Bist du überhaupt stark genug?“, fragt die Jornalistin.

Sie lacht und sagt: „Natürlich bin ich stark!“

2 a) Die Journalistin fragt: „Du warst 210 Tage allein auf See. Wie oft hast du dich einsam gefühlt?“ „Ich habe meine Familie und meine Freunde vermisst“, antwortet Jessica, „aber nie unter der Einsamkeit gelitten.“ Sie fährt fort: „Ich habe mich ja bewusst dafür entschieden.“ Die Journalistin hakt nach: „Und an Weihnachten?“ Jessica sagt: „Ich habe mir gesagt: Du wirst noch viele Weihnachten zuhause feiern, dieses Weihnachten wird anders.“ „Wie oft wolltest du aufgeben?“, fragt die Journalistin. „Klar, es gab Momente“, muss Jessica zugeben. „Aber ich konnte gar nicht aufgeben, nur weiterfahren. Das war der schnellste Weg nach Hause.“

Teste dich – Zeichen richtig setzen

Seite 72

1 1787 sticht die „Bounty" in See, weil das britische Empire Brotfruchtbäume auf Tahiti ergattern will.

Das Kommando hat Captain Bligh, der erstmals die Kontrolle über ein großes Schiff hat.

Er wirkt wie ein alter Seebär, aber auf See zeigt sich, dass mit Bligh nicht zu spaßen ist.

Die Erfüllung seines Auftrages ist ihm das Wichtigste und die Mannschaft ist ihm egal.

2 „An die Taue!", brüllt er ohne Rücksicht auf Kranke und Schwache. Als aus der Speisekammer Käse verschwunden ist, schreit er: „Halbe Essensration für die ganze Mannschaft." Als ihn daraufhin ein Matrose beleidigt, lässt er ihn gnadenlos auspeitschen. „Euch diebisches Gesindel werde ich es noch zeigen!", zetert der Kapitän.

3 In der Mannschaft mehrt sich der Widerstand. Dramatisch wird es auf der Rückfahrt von Tahiti, als sich herausstellt, dass die Brotfruchtbäume mehr Wasser brauchen als erwartet. Von da an erhält die Truppe auch weniger Wasser als benötigt. „Das können Sie nicht machen", sagt der Erste Offizier. „Unsinn!", sagt der Kapitän. „Wir bringen die Bäume nach Hause und es ist egal, was es kostet." Es kommt zu ersten Todesfällen. Vor allem der Erste Offizier schaut sich das Treiben skeptisch an und überlegt sich einen Plan ...

Auswertung der Testergebnisse – Zeichen richtig setzen

1 pro Satzgefüge/Satzreihe und pro Komma 1 Punkt

2 pro Unterstreichung bzw. Einrahmung 1 Punkt

3 pro Satzzeichen 1 Punkt

24–17 Punkte
Du bist schon sehr sicher in der Zeichensetzung. Du kannst deine Kenntnisse noch einmal an einem längeren Text auf S. 73 üben.

16–11 Punkte
Weiter so, du bist auf dem richtigen Weg. Wenn du vor allem Fehler im Bereich der wörtlichen Rede gemacht hast, wiederhole noch einmal die S. 71. Übe dann weiter auf der S. 73.

10–0 Punkte
Schau dir das Kapitel „Satzgefüge bilden und Kommas setzen" an. Hier kannst du noch einmal grundlegend erarbeiten, wie Satzgefüge oder Satzreihen gebildet werden und wo du Kommas setzen musst. Wiederhole auch noch einmal auf S. 71 die Regeln zur wörtlichen Rede. Bearbeite dann die Übung auf S. 73.

Wiederholen und vertiefen – Zeichen richtig setzen

Seite 73

1 und 2 Die Seglerin Laura Dekker, Jahrgang 1995, wollte als jüngster Mensch allein zur Umseglung der Welt aufbrechen. Sie war aber zunächst von den Behörden daran gehindert worden, weil sie noch zu jung gewesen sei. „Ich bin bereits während einer Weltumsegelung meiner Eltern geboren worden", erzählt Laura. Durch ihren Vater besitzt sie die niederländische, durch die Mutter die deutsche und durch den Geburtsort die neuseeländische Staatsangehörigkeit. Ihre Eltern machten sie schon als

Kleinkind mit dem Segeln vertraut und sie zeigten ihr ein Leben auf dem Wasser.

Laura beklagt, dass viele Leute offenbar falsche Vorstellungen über eine Weltumsegelung hätten. „Ich bin ja nicht zwei Jahre durchgehend allein, sondern ich lege viele Zwischenstopps ein", erklärt sie. „Die längste Zeit, die ich an einem Stück allein auf dem Wasser unterwegs bin, beträgt drei Wochen."

Laura musste versprechen(,) während ihrer Tour auf den Weltmeeren den Unterrichtsstoff der Schule durchzuarbeiten. Sie wollte sich eigentlich vom Schulbesuch für zwei Jahre freistellen lassen, aber die Behörden hatten das abgelehnt.

Strategien 2 – Grammatik anwenden

Wozu auf die Stellung der Satzglieder achten?

Seite 74

1 b) Alle aufgeführten Arten der Veränderungen wurden vorgenommen.

c) Anekdoten sind kurze Geschichten mit einem überraschenden Höhepunkt. Meist erzählen sie über bedeutende Persönlichkeiten, sie charakterisieren deren Eigenarten scharf und blitzlichtartig oder (sie) beschreiben denkwürdige Ereignisse. Das Geschehen muss nicht der historischen Wahrheit entsprechen, denn im Vordergrund steht die Glaubwürdigkeit (bzw. Möglichkeit) der Handlung. Zum Schutz der Privatsphäre wurden Anekdoten mündlich weitererzählt, aber J. P. Hebel veröffentlichte in

seinem „Schatzkästlein" trotzdem diese kurzen Geschichten.

d) Alle aufgeführten Punkte treffen zu.

Wozu auf Nebensätze achten?

Seite 75

1 b) Der Witwer, der stets von seiner Frau umsorgt worden war, war damit überfordert. So kaufte der alte Diener, der von Bach angewiesen worden war, einen Trauerkranz. Nachdem er den Auftrag ausgeführt hatte, forderte er sein Geld. Der Komponist, der am Tisch saß und tief trauerte, antwortete: ... Wahrscheinlich hatte Bach diese Antwort gegeben, weil er bisher daran gewöhnt war, alles durch seine Frau erledigt zu wissen.

c)

Nominalstil	Verbalstil
oft Nomen und Nominalisierungen, oft in Sachtexten, kürzere Darstellung, einfache Hauptsätze und Satzreihen, holprig und oft schwer verständlich	überwiegend Verben, oft in Erzähltexten, lebendigere Darstellung, Satzgefüge, meist leichter verständlich

Warum auf Aktiv und Passiv achten?

Seite 76

1 a) Es sind 5 Sätze, die im Passiv verfasst sind.

b) und c) Viele Bühnen spielen dessen Theaterstücke. (1, 6)
Jakob Grimm kam 1785 zur Welt. (6)
Brentano nahm diese Volkslieder in seinem Buch „Des Knaben Wunderhorn" auf. (4)
Oft erzählten ihnen Dorfbewohner die Märchen und Heldensagen. (5)
Sprachwissenschaftler schlossen erst 100 Jahre nach dem Tod der Brüder die Arbeit an den 33 Bänden ab. (1)

Welche Funktion haben Zeitformen?

Seite 77

1 a) und b)

Verb	Zeitform (Tempus)	Funk-tion
ereignete	Präteritum	2
fiel	Präteritum	2
beschädigt hatte	Plusquamperfekt	3
zerreißt	Präsens	1
loslässt	Präsens	1
erdrosselt	Präsens	1
begrub	Präteritum	2

Was bedeutet Modalität?

Seite 78

1 a) und c)

Text	Wirkung	Modus
Text 1: Johann Peter Hebel	direkt subjektiv lebendig	Indikativ
Text 2: Lexikontext	distanziert neutral indirekt	Konjunktiv

b) „Der Vater <u>hat</u> mir eine Ohrfeige <u>gegeben</u>.";
„<u>Lügst</u> du wieder? <u>Willst</u> du noch eine?"
Ein Sohn beklagt sich bei der Mutter, der Vater <u>habe</u> ihm eine Ohrfeige <u>gegeben</u>. Als der Vater dies hört, fragt er ihn, ob er wieder <u>lüge</u> und ob er noch eine <u>wolle</u>.

Seite 79

2 Er vermutet, dass den Jungen niemand gehört *habe*, und will wissen, ob *er denn nicht lauter schreien könne*. Als der Junge dies verneint, befiehlt der Fremde, dass er *ihm auch noch den letzten Groschen geben müsse*. So wird der Junge ein zweites Mal bestohlen.

3 a) *Fabio:* Lautes Rufen <u>hätte</u> dem Jungen <u>geholfen</u>.
Sanna: Die Geschichte <u>würde</u> sich heute anders <u>abspielen</u>. Die Diebe <u>hätten</u> den Jungen <u>erpresst</u> und ihm die Markenklamotten <u>abgenommen</u>.
Cihan: <u>Hätte</u> der Junge sich <u>gewehrt</u>, hätte man ihm aggressives Verhalten <u>vorgeworfen</u>.

b) Der Konjunktiv II drückt aus: Etwas ist wünschenswert, unwahrscheinlich, zweifelhaft.

Seite 80

4 a) und b) muss (**Gebot**), kann (**Möglichkeit**), kann (**Möglichkeit**), darf (**Empfehlung**), darf (**Wunsch**), müssen (**Gebot**), könnte (**Vermutung**), sollte (**Empfehlung**), darf (**Gebot**)

c) Nicht nur der *Modus* wie *Indikativ* oder *Konjunktiv* beeinflussen den Sinn einer Aussage, sondern auch *Modalverben* wie z. B. *müssen, können, sollen, wollen.*

2 Lies die folgende Geschichte und ergänze anschließend den Aufsatz eines Schülers.

Der hilflose Knabe

Bertolt Brecht

[...] „Einen vor sich hin weinenden Jungen fragte ein Vorübergehender nach dem Grund seines Kummers. „Ich hatte zwei Groschen für das Kino beisammen“, sagte der Knabe, „da kam ein Junge und riß mir einen aus der Hand“, und er zeigt auf den Jungen, der in einiger Entfernung zu sehen war. „Hast du denn nicht um Hilfe geschrien?“ fragte der Mann. „Doch“, sage der
5 Junge und schluchzte ein wenig stärker. „Hat dich niemand gehört?“ frage ihn der Mann weiter, ihn liebevoll streichelnd. „Nein“, schluchzte der Junge. „Kannst du denn nicht lauter schreien?“ fragte der Mann. „Nein“, sagte der Junge [...] „Dann gib auch den her,“ sagte er, nahm ihm den letzten Groschen aus der Hand und ging unbekümmert weiter.“   Ⓡ

Aufsatz eines Schülers

In der Geschichte „Der hilflose Knabe“ erfährt der Leser, dass ein Junge bestohlen wurde und deshalb

weint. Ein Mann fragt ihn, ob er um Hilfe geschrieen habe. Er vermutet, dass den Jungen niemand

gehört   , und will wissen, ob

_____. Als der Junge dies verneint, befiehlt der Fremde, dass er

_____. So wird der Junge ein zweites Mal bestohlen.

3 a) Lies die Schüleraussagen zu der Geschichte und unterstreiche alle Konjunktivformen.

Fabio: Lautes Rufen hätte dem Jungen geholfen.
Sanna: Die Geschichte würde sich heute anders abspielen. Die Diebe hätten den Jungen erpresst und ihm die Markenklamotten abgenommen.
Cihan: Hätte der Junge sich gewehrt, hätte man ihm aggressives Verhalten vorgeworfen.

b) Überlege, warum die Schüler den Konjunktiv II verwenden, und kreuze an.

Der Konjunktiv II drückt aus: Etwas ist	☐ möglich
	☐ wünschenswert
	☐ unwahrscheinlich
	☐ zweifelhaft

Bertolt Brecht (1898–1956), deutscher Dramatiker und Lyriker

4 a) Lies die folgenden Schüleräußerungen zur Geschichte von Bertolt Brecht (↗ S. 79).
Unterstreiche die Wörter, die die Aussage der markierten Verben verändern.

Miriam: Der Junge <u>muss</u> sofort um Hilfe ==schreien==,   <u>*Gebot*</u>

so kann er die Diebe mühelos ==vertreiben==. _____

Fabio: Lautes Rufen kann ihm sicherlich ==helfen==, _____

und er darf keine Angst ==zeigen==. _____

Sanna: Darf ich eine aktuelle Version (dieser Geschichte) ==schreiben==? _____

In ihr müssen Erpressung und Mobbing realistischerweise eine Rolle ==spielen==. _____

Cihan: Wenn sich der Junge gerechterweise wehrt, könnte man ihm dann nicht aggressives

Verhalten ==vorwerfen==? _____

Miriam: Mit Gewalt sollte der Junge nicht ==reagieren==, _____

er darf niemanden ==verletzen==. _____

b) Prüfe, mit welchem der folgenden Begriffe man die Aussagen beschreiben könnte,
und notiere deine Antwort hinter den entsprechenden Satz.

Vermutung   Möglichkeit   Wunsch   Empfehlung   Gebot

c) Überlege, wodurch die Aussageweise in diesen Sätzen bestimmt wird, und ergänze den
Merkkasten mit den Wörtern aus der Randspalte. Füge Beispiele hinzu.

Konjunktik
Modus
Modalverben
Indikativ

Nicht nur der _____ *wie* _____ *oder* _____

beeinflussen den Sinn einer Aussage, sondern auch _____

wie z. B., _____ .